JN074702

経理業務の

BPO

ビジネス　プロセス　アウトソーシング

活用のススメ

公認会計士・税理士
中尾　篤史 著

税務研究会出版局

はじめに

「経理は会社の中枢であり、アウトソーシングするなんて考えられない」

多くの日本企業は、以前はそのような考えをもっていたように感じます。

ところが、25年ほど前に外資系企業を担当した際に、海外では、バックオフィス部門をアウトソーシングすることは、業務の生産性をあげるための基本的な方針だということを聞いたときに衝撃を受けたのを覚えています。

実際、外資系企業が日本に進出した際は、経理業務をアウトソーシングするケースは非常に多く、進出前に対応できるBPOベンダーを探しておくことが一般的です。

その後日本でも、上場企業を中心に経理業務をアウトソーシングする流れが生まれました。

会計ビッグバンを契機に、連結決算が主体となることに加えて、決算の早期化が市場から求められるようになり、作業負担の軽減等を目的にアウトソーシングが活用されるようになりました。

最近では、中堅企業や中小企業でも経理業務をアウトソーシングする動きが加速しているように実感します。

かつて、経理業務を外に出すなんて考えられないという文化が、四半世紀も経過しないで大きく様変わりしてきました。

また、以前はアウトソーシングという用語を使うケースが多かったですが、その後より広範にアウトソーシングが普及してきていることもあり、BPO（ビジネス・プロセス・アウトソーシング）という用語が主流になってきていると感じます。

BPOという用語を使っても、通じないことがかつては多かったですが、今では多くのビジネスパーソンが使い、ビジネス用語として定着してきたと実感することが多くなりました。

外資系企業が導入を先んじていた経理業務のBPOですが、日本の経理の現場にも浸透し、それが日本の経済活性化の要因の一つになろうとしています。

本書では、経理のBPOをすでに導入している方や、今後導入を検討している方、さらには経理部門の仕事の進め方、働き方等を多面的に考えている方に向けて執筆をしました。

自分自身の現場での経験等を踏まえて、実際のBPOの現場で起きていることやBPOの実践的な活用術など実務に直結するテーマを数多く取り上げております。

本書が、経理業務にかかわる皆様の一助となれば望外の喜びです。

最後に、本書の出版にあたっていつも的確なご助言をいただいた税務研究会出版局の下山瞳さんに感謝申し上げます。

令和５年１月

CSアカウンティング株式会社

中尾　篤史

目　　次

第１章　BPOとはなんぞや？

第２章　BPO活用事例集

主な登場人物

本書では、経理のBPOにまつわる50のケースをご紹介致します。

それぞれのCaseは、とある会社の経理部門の会話から始まります。

皆さんの会社にもいそうな登場人物がいるかもしれませんので、「会社のあの人かな」と想像を膨らませて読んでみてください。

主な登場人物は、次の４名です。

しのびさん〈昭和産業の経理部員〉

経理部門に異動して２年経過し、経理に慣れてきたところ。
最近はもう少しレベルアップしたいと考えている頑張り屋さん。
“陰ながら社会を支える”人間になって欲しいという願いを込めて、女忍者くのいちをイメージして名付けられたらしい。

おっとり部長〈昭和産業の経理部長〉

定年間際のため、何事もなく無事に定年を迎えたいと考えているのか急激な変化は望まないタイプ。
めったに怒ることがなく、優しい性格から「おっとり部長」と呼ばれている。

ビーポさん〈昭和産業の社外取締役〉

本業はBPOを提供する会社「BPOアカウンティング」の代表取締役。
数年前から昭和産業の社長からの依頼で社外取締役として経営全般のアドバイスをしており、BPOの活用の指南もしている。
愛称はBPOを文字って「ビーポ（BPO）さん」。一見ロボット、でも人間です。

キャサリンさん

BPOアカウンティングの取締役。
女性取締役として活躍していて、しのびさんの憧れの存在。
日本人であるが出生が海外ということで、通称名の「キャサリン」で呼ばれることが多い。

それでは、４人と一緒に経理BPOを取り巻く環境をのぞいてみましょう！

第1章

BPOとはなんぞや?

近年注目されている経理業務のBPO。
BPOの大枠をザックリ知っておこう。

Case 1

BPOとは何なのだろうか

バックオフィス業務で活用が注目されているBPOについて、その概要をおさえていきましょう。

最近バックオフィス部門の効率化の話になると、BPOという言葉が出てくるのですが、流行りなのですか?

以前から大企業ではよく活用されていましたよ。

そうなのですね。大企業以外での活用状況はいかがでしょうか?

最近は中小企業でも活用しているケースが増えていると思います。

わが社でも活用できるのであれば活用したいですね。

それでは、BPOのイロハから話をさせてください。

ビーポさん、ありがとうございます。是非ともお願いいたします！

しのびさんが、ビーポさんにBPOという用語を聞いているシーンからスタートですね。おっとり部長も定年間際ですが、興味を示してくれているようですね。

そもそもBPOとは何の略なのか？

BPOという用語を聞いて、何の略であると思われるでしょうか。

BPOという略称をインターネットで検索すると、上位には放送倫理・番組向上機構が表示されることもあります。こちらのBPOは、Broadcasting Ethics & Program Improvement Organizationの略です。

ただ、本書で扱うBPOは、英語のBusiness Process Outsourcing、ビジネス・プロセス・アウトソーシングの略称の方です。

アウトソーシングというのは、後ほど詳細を説明しますが、**自社のノンコア事業を他社に外部委託をして、自身はコア事業に専念する経営手法**です。

BPOサービスは「IT系」と「非IT系」に区分される

BPOサービスにはどのようなものがあるのを考える場合に、IT系のBPOサービスと非IT系のBPOサービスに区分して考えることができます。IT系のBPOサービスというと、情報システム部門が行う**システムの運用業務をアウトソーシングするサービス**が挙げられます。具体的には、データセンターを活用したり、クラウドサービスを活用してシステムの運用をアウトソーシングするといった方法がIT系のBPOサービスの典型的なケースです。

これに対して、非IT系のBPOサービスには、**システム運用以外のビジネスプロセス全般のサービスが含まれる**ことになります。比較的歴史のあるBPOサービスの一つとしては、コールセンター業務があります。コールセンター業務は、最近では「コンタクトセンター業務」と言われることが多く、その内訳も顧客からの問い合わせに対応するインバウンド業務と、顧客を獲得するために営業の電話をかけるアウトバウンド業務に区分することができます。

それ以外にも、非IT系のBPOサービスは、人事業務、経理業務、営業代行など多岐にわたっています。

ただし、最近はIT系のBPOサービスと非IT系のBPOサービスをミックスして提供されるケースも増えていて、垣根がなくなってきています。具体的には、**IT系であるクラウドのサービスを提供しながら非IT系の経理処理のサービスを提供する**、というようなサービスがそれに当たります。

非IT系のBPOサービスはどこまで広がっているのか

経理業務のBPOサービスは非IT系のBPOサービスに属しますが、非IT系のBPOサービス全体をもう少し細かく見てみると、主に次のようなサービスがあります。

コンタクトセンター業務：先ほど説明しましたが、インバウンドとアウトバウンドに分けられますが、アウトバウンドはテレアポ業務という言い方の方が馴染みのある方が多いかもしれません。

福利厚生代行業務：自社で保養所等を保有するのではなくて、BPOベンダーが保有する保養所等を共同利用することをはじめ、様々な福利厚生のプランを企業に提供するサービスです。

採用代行業務：募集から人選、面談、採用後の教育まで採用に関するプロセスの一部を提供するサービスです。面談はBPOせずに、面談以外をBPOするといったように企業のニーズに合わせてサービスの組合せを変えることも可能です。

営業代行業務：企業の営業を代行するサービスですが、案件の契約まで完了させるサービスもあれば、成約前の案件ファインディングまでというように範囲は委託企業のニーズに合わせて様々です。

給与・社会保険業務：給与計算や年末調整、社会保険の金額算定や助成金等の諸手続きを代行するサービスで、社会保険労務士と提携して給与計算と社会保険業務を一気通貫して提供しているケースが多いです。

経理業務：伝票入力から決算まで幅広く経理業務の代行がサービスとして提供されています。本書でのメインテーマとなります。

BPOサービスの市場規模と今後のニーズはあるか

日本国内のBPOサービスは、労働力人口の減少に対応するように、サービスの範囲が拡充されてきています。

矢野経済研究所の調べによるとIT系、非IT系のBPOともに市場は拡大しており、2021年度の非IT系のBPOサービスの市場規模は、前年対比3.3％増の1兆8,874億円とのことでした。

今後も労働力不足の影響等を受けて、市場の拡大が見込まれているというのが同研究所の市場予測です。

また、昨今は少子化による労働力不足に加えて、働き方改革の推進を行うために、大企業を中心に労働時間の圧縮を進めており、その一環でBPOを検討するケースが増えてきています。

経理業務のBPO業務では、どこまで実施がされているのか

では、経理業務のBPOサービスでは、どのような業務が実施されているのでしょうか。詳細は、**第２章**❺BPOの具体的活用事例で解説しますが、概要は以下の通りです。

伝票入力：経理業務の基本である伝票入力は、単純業務として企業がBPOする際の候補になる一つです。ただ、最近は、手入力をするというプロセスをなくすようにシステムを活用しているケースが増えているので、単純入力作業は減っていく傾向かと思われます。

支払代行：取引先に支払う情報の作成業務です。具体的には、インターネットバンキングに取り込むためのデータの作成までをアウトソーシングし、実際の送金自体は委託側が行うケースが多いです。

請求書作成業務：販売データをもとに請求書を作成して発行する業務です。ただ、発行する業務に関しては、電子化の流れで発送自体がなくなってきていますので、その部分は減少していくことも予想されます。

入金消込：販売先からの入金情報をもとに売掛金の消込を行って、債権管理をする業務です。膨大な件数の入金がある会社の場合、消込作業だけで月末から月初にかけて業務に忙殺されることになるので、業務の平準化を目的に消込業務を依頼する企業もあります。また、必要に応じて滞留先への督促業務を行うこともあります。

決算業務：上場企業の場合、四半期決算含めて決算スケジュールがタイトになっているケースが多いです。連結決算を行っている企業群の場合は、子会社に十分な経理要員がいないこともあります。連結決算の開示をタイムリーに行うためには、子会社の決算自体は決算月の翌月10日前後に締める必要がある場合が多く、決算の早期化に対応するために、決算業務をBPOすることがあります。また、制度の改正等で決算業務に一定の専門知識が求められることもあり、そのような知識の供給をBPOサービスベンダーに求めてBPOするケースもあります。

ビジネス・プロセス・アウトソーシングは広範な領域をカバー

BPO の分類
Business Process Outsourcing（ビジネス・プロセス・アウトソーシング）

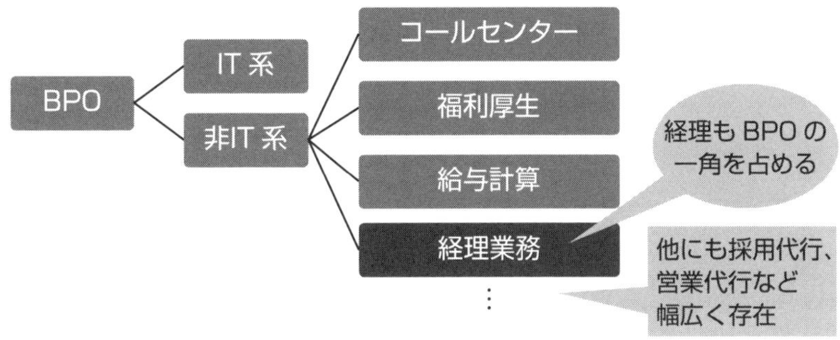

ポイント

- BPOはビジネス・プロセス・アウトソーシングの略称。
- BPOの導入領域は経理業務以外のバックオフィス全般に広がっている。

Case 2
なぜBPOのニーズがあるのか？

BPOという手法が活用されている背景をおさえておきましょう。

先日BPOという手法があることお聞きしましたが、なぜ注目されているのですか？

要因はいろいろとありますよ。

例えばどのようなことですか?

少子化による労働力人口は大きな要因の一つだと思います。

確かにおっとり部長の後釜として若手の人材がほしいですけど、目途が立っていないです。

各社によってニーズは異なりますが、解決策の一つとなっているのは間違いないようです。

うちにも当てはまる要素があれば活用できるということですね。

少子化で労働力人口が減少している国

BPOという業務形態があることについては、**Case 1**で述べましたが、なぜBPOのニーズが増えているのでしょうか。

背景には様々な要因が折り重なっています。

１番目に挙げるとしたら、**少子化という要因が大きい**でしょう。少子化は現代の社会課題の一つとなっています。

高齢化に伴って、シニア人材の活用はされてはいますが、少子化の影響で労働力人口が低下傾向にあることが大きな要因です。

日本の総人口自体も減少しておりますが、総人口の減少とあわせて労働力の主力となる生産年齢人口（15歳から64歳）の減少は顕著です。

近年は、大学生の卒業時点の内定率も100％に近い状況が続いていることからわかるように、企業の採用意欲は旺盛ですが、それに応えるだけの採用ができていないという現状があります。

不足する労働力を補うための手段としてBPOが活用されています。

働き方改革法の施行に伴って有益な手段のひとつへ

２番目として、ここ**数年前から始まっている各種の働き方改革法の実施**が挙げられます。

働き方改革法によって、残業時間の抑制がより厳しく規制されるようになり、各企業は残業時間の圧縮のための手段を講じるようになっています。また、有給休暇の消化日数を最低年間５日以上とするなど休暇をとれる体制作りも必要となりました。

今まで通りの仕事の仕方では労働時間の削減が実現しないため、仕事の密度を上げて生産性を上げる会社も多数出てきましたが、同時に社外のリソースを活用して全体の労働時間の削減に動いている会社もあり、そのような会社にとってBPOは有益な手段となっています。

他にも、経理部門の担当者に求める業務が変わってきているために、アウトソーシングできる業務は、できるだけアウトソーシングして、本来経理部門の担当者に実施して欲しい業務を実践してもらうためにBPOを活用するケースもあります。

後ほど個別のケースとして取り上げますが、特定の社員が経理を牛耳ることによるマイナスの除去、業務改革が進まない会社での改革のきっかけとしての活用等、各社のさまざまなニーズの解決の手段としてBPOが活用されているのです。

バックオフィス部門より早く製造業ではすでに活用している

アウトソーシングの手法は、製造業ではすでに実施され、成功例も多いです。

「ファブレスメーカー」という用語を聞いたことはありますか。これは、製造業において製品製造のための自社工場を持たない製造業のメーカーのことを言います。

世界的に有名な企業としてはiPhoneを販売しているアップルがありますし、日本の企業で言えば１人当たりの従業員給料が高い会社として有名なファクトリー・オートメーションの最先端企業であるキーエンスもファブレスメーカーです。

ファブレスメーカーは、自社で工場を持つのではなく、原則として全ての生産を他社にアウトソーシングして、そこから製品を調達して自社ブランドとして販売しています。

製造そのものは外部にアウトソーシングすることで、リスクを回避しながら自社は設計・開発・マーケティングなどに注力して成長をするというビジネススタイルを貫いています。

製造業で導入され成功した、アウトソーシングという流れが、近年はバックオフィス部門にもBPOとして波及してきています。

しのびさんが、うちにも当てはまる要素があれば活用したいと言っていましたが、多くの会社にとって一つや二つは当てはまる要素があると思います。本書を進めながら課題解決のきっかけになればと思います。

BPOにニーズがある背景

1　少子化による労働力人口減少

2　働き方改革法の実施

3　製造業で先行成功事例

ポイント

- BPOは成熟化した社会の課題を解決する一つの手段となっている。
- 製造業では、アウトソーシングが一般的な手法として既に浸透している。

Case 3

労働力人口が減っていく中、経理部門の将来はどうなる？

労働力人口が減っている状況では、生産性向上が急務となりますが、追い付かない部分を補わなければなりません。

少子高齢化社会って、経理部門でも他人事ではなさそうですね。

自分はあと少しで定年だし、逃げ切れるかな…。

そういう自分のことだけ考えるのではなく、日本の未来について考えてくださいよ！

コンピュータが全てを実施してくれたら、人間がいらなくなるかもしれませんよ。

他人事だと思って気楽におっしゃいますけど、まだまだ自動化は途上で、人は必要ですよ。

確かに、経理業務の自動化は進んでいるとは聞いていますけど、まだ人の作業の全てを置き換えてくれているわけではないようですからね。

AIに期待しつつ、他にも手段を考えないといけないわ。

AIで仕事がなくなる筆頭？

おっとり部長は、本音をポロっと出してしまいました。

自分の逃げ切りのことだけを考えているような上司のもとでは働きたくはないですよね。

そうは言っても、少子高齢化の波は確実に押し寄せています。

総務省統計局による労働力調査によれば、2021年の15歳以上の労働力人口は２年連続減少となっています。

労働力人口が減るということは、一般的には国力が低下することを意味しており、少子化対策は重要な施策の一つですが、残念ながら統計値を見ている限り効果は出ていないようです。

人口減少下で国力を維持するには、生産性の向上が必要です。日本は、ホワイトカラーの生産性が低いと言われて久しいですが、最近は様々な技術革新がホワイトカラーの生産性の向上に寄与してきています。

AI（人工知能）も進化を続けていますが、今から10年程前の2014年にオックスフォード大学のAIなどの研究を行っている教授が発表した報告は、世間に衝撃を与えました。

その報告では、**AIの進化によって10年後に消える仕事**として、

給与・福利厚生担当者

簿記、会計、監査の事務員

税務申告書作成代行者

といった経理部門に関係する業務が掲載されていて、経理に関係する人でショックを受けた方も多かったことと思います。

筆者自身もショックを受けるとともに仕事のやり方を変えなければならないと考えました。

その後10年近くが経過して、仕事自体は消滅していないものの、AI等の影

響を受けているのも事実です。

それよりも影響が大きいと考えるのは、仕事を選ぶ人たちが経理等の業務に将来性や魅力を感じられず避けるようになっていると考えられる点です。

国家資格の中でも税理士は、若手の受験生が減少傾向にあることが業界でも大きな課題や懸念となっています。

まだAIが全てを行ってはくれない

労働力人口は減少し、さらにその中で経理業務が選別されずに経理の労働力人口が減っていく中でも、AI等を活用して仕事が自動化されていれば、経理部門は人口減少について心配しなくても良いかもしれません。

なぜなら、人が関与しなくてもオートメーション化されて、AI等がほぼ全ての経理業務を行ってくれるのであれば、人はいなくても構わないからです。

しかし、実際はそこまで進化されてはおらず、まだまだ人間が作業をする面も多く残っています。

さらに仮に自動化が今よりも進んだとしても、一定程度は人間が判断する業務は残ることが予想されます。

例えば、通帳等をAIを搭載した自動読み取り機能を使って、印字された数値を読み込んだ上で会計仕訳として計上するところまで自動化を進めたとしても、最終的な勘定科目や内容に応じた消費税コードの妥当性といった事項は人間の目である程度は確認することが必要になります。

ただ、自動化が進む段階で人間が実施する部分が特定されてくるのも事実です。

そうなると業務範囲はある程度絞り込まれてきますので、仮に労働力人口が不足して自社に経理業務を実施する社員が不足するというのであれば、その部分についてBPOを活用していくこともできるでしょう。

AI で生産性向上を目指す必要性はあるが……

経理人材は不足傾向か？

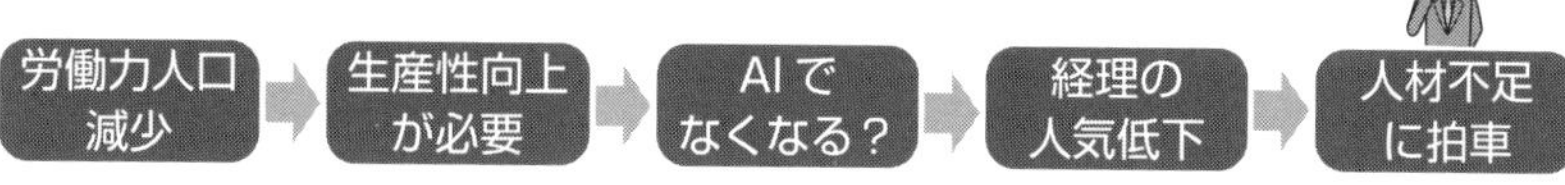

AI で仕事がなくなるといわれる仕事の筆頭か？

現実は想定通りでない

給与・福利厚生担当者
簿記、会計、監査の事務員
税務申告書作成代行者

オートメーション化には時間がかかる
労働力人口減少分のカバーが必要

ポイント

・経理部門を目指す人が減少するかもしれないという前提で業務を組み立てる必要がある。
・自動化の推進は行うものの人間の作業が残るので判断業務に注力できる体制を構築する。

Case 4

BPOを導入するメリットって何だろう？

BPOを導入した場合のメリットをわしづかみに理解しましょう。

BPOがそれだけ注目されているということは、どんなメリットがあるのですか？

会社の目指す方向によって違いはありますが、課題解決の一助になっているケースは多いです。

例えばどんなことがあるんですか？

会社によっては、経理の業務が特定の人に集中してしまって、ブラックボックス化されていることも多いのです。
そのような場合に、BPOを導入して可視化することで課題が解決されるケースもあります。

おっとり部長、うちの会社もあてはまることがないでしょうか？

よく考えたら私も自分で手を動かして仕事をしていないから、手業の手順などはわかっていませんね。

ほかにもうちの会社に適合するメリットがあるかもしれないから、是非とも聞いてみましょうよ。

今度弊社のキャサリンにも声をかけておくので、役に立つ話ができるように準備しておきますよ。

経理アウトソーシング（BPO）を実施するとどのような効果が期待されるのか

大企業から中小企業まで、広範囲に経理のBPOを検討する企業が増えてきています。

経理アウトソーシングを実施した場合に、どのようなメリットがあるのでしょうか。

詳細は**第２章**で解説しますが、ここでは主なメリットを大まかに見ていきましょう。

人手不足の解消を図りたいところですが、少子化の影響を受けて、どの企業も採用がスムーズにできないという状況に陥っています。経理部門の採用に関しても同様の事象は起きており、多くの経理部門の責任者が「採用の難しさ」を悩みとして挙げています。

経理の業務量が増えたり、経理部門の退職や人事異動でマンパワーが不足した場合にも、すぐに良い採用ができないという現実があるのです。

そのようなときに、経理のBPOを導入することで不足したマンパワーを穴埋めすることができます。つまり、**不足する人材の調整弁として経理のBPOが活用されている**のです。

順調に採用が進み、内製化できるようになった際には経理のBPOを終了すれば良いので、必要な時だけ利用可能な点はBPOのメリットといえます。

見えにくい内部コスト削減にも貢献

経理業務を社内で内製化するには、必要な人材を採用し、教育を行っていくことになります。仮にその社員が退職や異動となった場合は、新たな担当者のために改めて採用・教育といったプロセスが必要です。また、引継ぎ業務が発生したら、引き継ぐ側と引き継がれる側、両方の時間を費やすことになります。

採用や教育等には、それに関わる人の時間、つまりコストがかかっているのです。社員の時間や人件費というこれらのコストはあまりクローズアップされませんが、それ相応にかかっています。

経理のBPOを実施した場合は、BPOの委託料は発生しますが、内製化と異なり、採用やその後の教育等のコストは委託元の企業にかからなくなります。

BPO導入時は引継ぎのための工数はかかりますが、業務が稼働した後には、当然業務の引継ぎについてはBPOを行うベンダー内で完了することとなるので、引継ぎに関する時間も委託側には生じなくなるのです。

このように経理のBPOを導入することで、見えないコストである社内人件費の削減にも貢献することが可能です。

属人化から脱却する機会になる

よほどジョブローテーションを短期的なサイクルで行ったり、マニュアル等が完備されている会社は別として、どうしても"業務が人についてしまっている"ケースは多いです。そうなると属人化が進み、他の人が簡単に業務を受け入れることが難しくなくなります。

属人化から脱却するために、社内で業務改善のためのタスクチームを作って業務プロセスを見直すといったケースもありますが、このようなプロジェクトを立ち上げて完遂するのもかなりハードルは高いです。

その点、経理のBPOを導入するとなった場合は、第三者に業務の一部を委託することになるので、導入前に一度業務プロセスを整理して第三者でも業務ができるようにすることが多いです。

この段階で**属人的に行われている業務が標準的なプロセスに変更される**のです。社内の属人化を解消するための手段として経理のBPOを検討している企業もあります。

コア業務への集中

多くの企業は会社として成長していくために、社内人材を成長分野に投入したいというのが本音でしょう。そのため、経営者は企業の成長エンジンとなるコア業務に人材を投入できる体制を構築することになりますが、経理業務ではどのように考えられるのが一般的でしょうか。

経理業務の中でも、未来のための業務である**投資戦略・買収戦略、予算策定やその後の分析、管理会計制度の構築などはコア業務**に該当すると思います。

それに対して、過去の実績をとりまとめる業務としての**経費精算、仕訳入力、決算業務**などはルールさえ決まっていればできる業務なので、社内では**ノンコア業務**として認識されているケースが多いと思います。

そこで、経理のノンコア業務に従事している社員をコア業務に従事してもらうようにするために、ノンコア業務をBPOする企業もあります。自社の強さを際立たせるために、**ノンコア業務に絞ってBPOを実施する**のです。

不正防止の抑止にも

時折、企業の経理部門の責任者が着服をしたといったニュースを目にすることがあります。このような事象が起きてしまう背景として多いのは、一人の担当者だけが資金の送金に関する権限を有していて、他の社員は誰も内容を確認することができない、というような職務分担にしていることが挙げられます。

誰にも感知されずに資金の送金等ができる体制では、魔が差して資金を着服してしまうリスクを抱えた状態で経理業務が行われている可能性があるのです。このような問題に対しても、経理のBPOによって解決できる可能性があります。

経理のBPOを導入した場合、送金プロセスのどこかにBPOベンダーが第三者として入ってくることになります。

送金の最終決済は委託側が行いますが、送金データの作成、送金後のデータをもとに帳簿に反映する業務はBPOベンダーが行うというように、業務を区分するケースが多くあります。仮に最終決済した人が着服をしたとしても、その後のデータを帳簿に反映した際に速やかに異常なデータが計上されることになるので、不正の事実が明るみになりやすいのです。

このように、**外部のBPOベンダーを業務プロセスに入れることによって不正防止の抑止がなされる**というメリットも、経理のBPOにはあるのです。

BPO導入のメリット

労働力人口への解決糸口	属人化から脱却するチャンス
不足する人材の調整弁	本業への注力で企業の成長が加速
人の採用・教育にかかる内部コスト削減	不正防止の抑制

ポイント

・人にまつわる様々な課題解決の一助になる。
・事業を成長させるための課題解決の一助になる。

Case 5
BPOのデメリットもきちんと認識しておこう

導入に当たってはデメリットも総合的に考えないと後で後悔することにもなりかねません。

BPOってそうはいっても問題もあると思うのです…。

はい、メリットも多いですが、もちろんデメリットもあります。

具体的には、どのようなデメリットがありますか？

キャサリンさん、せっかく来てもらったので、少し説明してもらってもいいでしょうか。

私の経験では、導入時にある程度準備をしないと良いスタートを切ることができないので、その準備に関してBPOを委託する側で行う必要があることかしら。
ただ、デメリットといっても将来メリットを享受するための負担なので、単純にデメリットともいえないと思いますよ。

初めに負担がかかるというと気が重いですね。
ほかにもありますか？

仮に品質が今よりも劣化したら、それはデメリットということにはなると思います。

先日はメリットについてお聞ききしましたけど、メリット、デメリット両方知っておかないとですね。

デメリットも認識した上で

Case 4では、経理のBPOを導入した場合のメリットを見ましたが、もちろんメリットばかりではなく、デメリットもあります。

BPOを提案してくるベンダーの中にはメリットばかりを強調してくる会社もあるかもしれませんが、デメリットもきちんと認識して導入の可否を判断することも重要です。

社内にノウハウが残らないのではないか

デメリットとしてよく言われるのが社内にノウハウが残らなくなるという点です。

外部に業務を委託することでその部分については社内で作業をすることができる人がいなくなったり、社内で作業に関与する人が減ったりして、その業務に関するノウハウは伝承されにくくなります。

この点を考えると社内にノウハウが残りにくくなるということは事実としてあります。

ただし、経理をBPOするといっても委託した業務に関してチェックをしなくなるわけではないので、**BPOベンダーが作業をした結果の確認作業を通じて、その業務に関するノウハウを伝承することは可能**です。

さらに言えば、**そもそもBPOする業務が社内にノウハウとして残しておくべき業務かどうかということも考える必要**があります。

ノンコア業務をBPOしたのであればそもそも社内にノウハウとしてためておく必要がないという視点もあります。

委託時の業務負担が大きい

他にも、経理のBPOを導入する際に、BPOベンダーに対して一定の引継ぎ等をする手間が生じる、ということも挙げられます。

業務負荷があるので、BPOを検討しているものの、BPOをスタートするための準備やBPOベンダーへの引継ぎ等に忙殺されるようであれば、さらに多忙を極めることになり、本末転倒になりかねません。

実際には、様々なケースに対応しているBPOベンダーであれば、**委託企業の方が全てをセットアップしなければ引継ぎができないということはなく、現状の業務の流れや書類等を見せることで望ましい方法を提示してくれて、そこまで負担がかからないケースが多い**です。

また、多少の負荷はスタート時にはかかるのが現実的には多いですが、将来の時間削減のために当初時間がかかることを許容するかどうかという視点で判断をすることも重要です。

今の忙しさと引き換えに将来続く忙しさがなくなるのであれば、前向きに考えることができるかもしれません。

BPOベンダーの能力によっては品質劣化も

BPOはしたものの、現在会社で実施している品質を維持できるのを心配される方もいるでしょう。

これはもっともな心配で、実際に品質が低下してしまうケースもあります。

そのため、後の活用事例のケースの中でも解説をしますが、BPOベンダーを選定する際に誤った選定をしないことが重要となります。

BPOしたことで品質が劣化してしまっては意味がありませんからね。

ただ、あまり**現在のやり方に固執をしてしまうとBPOベンダー側としても**

業務レベルを維持することが難しいということで業務を受けてもらえないというケースもあります。

そのため、品質を維持することは重要ですが、経理のBPOを進める際に業務のやり方を見直すという視点を持つことも必要です。今のやり方へのこだわりが強かったり、無駄に社内資料を大量に作成していることはよくあります。

業務のやり方を変えても品質が変わらないのであれば、**業務のやり方を見直すことでBPOをしても品質が劣化しないことも実際は多い**です。

BPOのデメリットを認識してプラスに転換させる

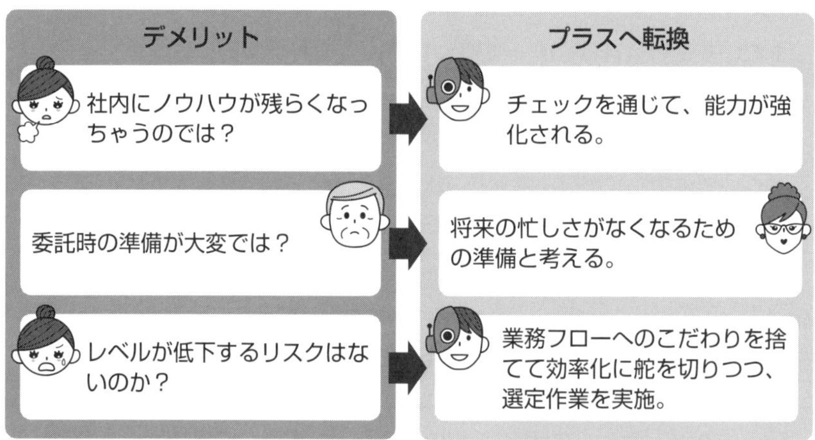

ポイント

・ノーチェックの体制にするとノウハウが会社に残らなくなる。
・サービスレベルが低いBPOベンダーに委託をすると、その分手戻りが多くなるので選別は重要。

Case 6

経理部門のトレンドとBPOは親和性がある

　最近の経理業務におけるトレンドをおさえるとともに、トレンドの一つであるBPOの活用イメージをわかせてみましょう。

最近の経済新聞で、経理関係の効率化の記事を見かけることが増えた気がします。

世の中目まぐるしく変わっていて、ついていくのが大変ですね。

経理業務含めたバックオフィスがここまで注目されているのは過去にない気がします。
この機会に時流に乗ってみるのはいかがでしょうか。

どのあたりから始めたらよいのでしょうか？

うちは、やや古い体質の社員も多いから、あまり新しいことにすぐ飛びつく感じではないからねぇ。

無理して実施する必要はありませんが、社員の方にとって良いことであれば導入してみようという感覚でよいかと思います。

最近の流行は何があるのですか？

コロナの影響以降、クラウドの活用、ペーパーレス、自動化というのが潮流として挙げられます。
それらに加えて、BPOを活用するケースもあります。

コロナ禍が経理を変える

2020年の年明けから猛威をふるった新型コロナウイルスが、経理業務にも大いに影響を与えたということは間違いないでしょう。

新型コロナウイルス対策の一つとして、リモートワークが奨励されました。

経理部門も例外ではなく、リモートワークの導入を進めていることと思いますが、そのための手段をどうするか？が経理でもトレンドとなりました。

その際に、リモートワークを実現する手段として検討・実施された代表的なものとして次の３つが挙げられます。

①　クラウド化

②　自動化

③　ペーパーレス

それぞれについて見ていきましょう。

クラウド化すればリモートワークは実現できる

「会社に行かなければシステムにアクセスできない」といった理由で、出社を余儀なくされている経理担当者もいることと思います。このような悩みを解決する方法の一つが、**クラウド化**です。

ここ数年経理システムをクラウド化している会社が増えてきていますが、中小企業含めて導入が進んでいるのが、**会計システムや経費精算システムのクラウドサービスの導入**です。

クラウドのシステムでは、インターネットを通じてサービスを利用できますので、出社せずに自宅やサテライトオフィスといった場所でも仕事をすることができるようになるのです。

経理担当者であればデータの入力、上司であればできあがった数字の確認といった業務がリモートで実施可能となります。

中でも**経費精算システムは、経理部門の社員に限らず全社員に関わるものなので、クラウド化によるメリットをより実感**できます。

経費申請をする社員はスマートフォン等で領収書の写真を撮って、経費精算システムにアップロードすることで申請が可能となりますし、申請者の上司は経費精算システムにログインして写真と入力データを確認することで承認が可能です。従業員の銀行口座に送金を行う経理部門の担当者も、経費精算システム上でデータの作成・承認や銀行への送金手続きまで実施が可能です。これら一連の手続きは、クラウドシステム上で実施するのであれば、リモートで完了させることができるのです。

また、令和２年度の税制改正で、キャッシュレス決済した電子的な明細があれば紙の領収書を受領しなくても良い、という電子帳簿保存法の改正が入りましたので、電子帳簿保存法を適用している会社で上記のような明細を取得できるシステムを使っている会社であれば、スマートフォン等で領収書の写真を撮るという必要もなくなりました。これは、後述する**ペーパーレス化**の流れの一つでもあります。

なお、少し余談になりますが、クラウド化が進んでリモートワークが恒常化すると、実は出張等の外出や接待等もなくなり、経費精算の申請数が大幅に減ってきているというのは現場の実感です。

そのため、**経理部門の経費精算にかかる労力がクラウド化とともに減ってきている**印象ですが、これもトレンドの一つかもしれません。

自動化すれば経理はもっと楽になる

２つ目のトレンドは、**経理処理の自動化**です。

書類を見てデータ入力をして決算書を作る、というのが一般的な経理の流れではありましたが、このデータ入力というのが会社の規模によっては相当大量、かつ人力に頼る面が多く、経理部門の担当者が疲弊する要因の一つと言えます。

データ入力に関して、最近では「いかに人の手で入力せずに経理を完結できるようにするか（データ入力の自動化）」という視点がフォーカスされてきています。

自動化の一つに、**API連携**があります。具体的には、銀行の入出金データを自動的に取り込めるような会計システムが提供されています。

今まででであれば通帳を見ながら手で入力をしたり、あるいは手入力をしないまでも、銀行の入出金データをダウンロードしてきて、CSVデータを会計システムに流し込むというフローが多かったと思いますが、API連携することでこのような作業から解放されるようになるのです。

また、自動化の流れの一つに**AI-OCR機能**を使った手入力の省略という方法もあります。

具体的には、紙の領収書や請求書をスキャンしたデータをAI-OCR機能を使うことで、仕訳データが自動生成されるのです。認識率の向上や複数行の仕訳の生成ができないという課題もありますが、まだまだ紙の書類が多い経理部門にとっては、スキャンすることで一定程度のデータが生成されるのであれば、手作業の時間を大幅に減らすことは可能なので、今後の機能向上に期待は膨らむばかりです。

自動化については、**RPA（ロボティック・プロセス・オートメーション）**を活用している経理部門も増えてきています。

必要な帳票類の打ち出しや定型的な会計レポートの作成をRPAに実施させる、といった例が見られます。

ペーパーレスができればフルリモートも可能になる

トレンドの３つ目はペーパーレスです。

とにかく今までの経理部門は紙の書類が多かったです。

領収書、請求書、契約書といった経理データのもととなるものはほとんど紙でした。

既にペーパーレス化に舵を切っている大企業は別として、中小企業はまだまだ紙が主流です。リモートワークを推進しようという流れが醸成されている中で、**一番のボトルネックは“紙”の存在**です。

情報管理の観点から、紙の持出しを禁止している企業は多いですし、仮に持ち出せたとしても、紙を持ち帰るために出社するという本末転倒な流れとなってしまいます。そこで考えなければならないのが、ペーパーレス化なのです。

自社で発行する請求書であれば、システムを利用することで紙の発行をなくすことは可能です。自社さえその気になれば導入は一気に進められます。

これに対して、受け取る方の請求書はやや難しさがあります。先ほど記載した通り大企業であればこの機会にペーパーレス化を進めて、請求書を電子化するケースは増えましたが、中小企業ではまだまだ導入が進んでいないため、紙で受け取らざるを得ないケースが多いというのが実感です。

それでも自社内でペーパーレスを進めるというのであれば、電子帳簿保存法を適用して、受け取った請求書を電子化して保存するという流れもあります。電子化と併せてAI-OCRの機能を活用できれば、手入力をなくすということも可能です。

また、**電子帳簿保存法については数度にわたる税制改正でスキャン保存等に関して緩和**され、導入のハードルはかなり下がりましたので、ペーパーレス化を進めたい企業にとっては朗報です。ただ、不正防止の観点からペナルティについても強化がされていますので、導入する場合は**内部管理の体制を整えて実施す**べきということは言うまでもありません。

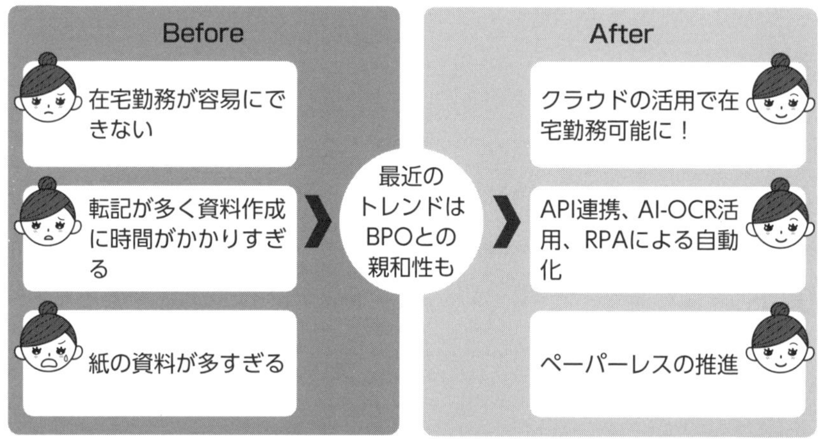

- 新型コロナウイルスを奇貨として経理部門でもリモートワークが浸透してきた。
- 電子帳簿保存法対応などで経理部門にデジタル化の波が来ている。

第2章

BPO活用事例集

BPOの現場をもっと深く見てみましょう。
知らなかった事実に気付かされるかもしれません。

1 BPOを導入する背景

各社がどのような背景でBPOを導入しているのか、
自社にも当てはまる事項がないかという視点で見てみましょう。

Case 7

経理部門の採用が大変

労働力人口の影響を受けて、採用が大変なのは経理部門も同じです。採用が厳しい会社での活用例を見てみましょう。

経理の部員を募集しているのですが、なかなか応募がなくて困っているのですよ。

DX人材は不足していると聞いたことありますが、経理も応募が少ないのですか？

労働環境は売り手市場なので経理も同様の傾向にありますね。

それなら、応募がきたらとりあえず採用した方がいいですかね。

選考を緩くしたら後で問題にならないですか？

しのびさんの言う通りで、一度採用してしまうと後で後悔することもあるので、売り手市場でも選考はきちんとした方がいいと思いますよ。

そうなると、どうしたらいいですかねぇ。

人材不足はデジタル人材だけではない

おっとり部長のコメントに共感を覚える方、多いのではないでしょうか。

採用の指標の一つである、求職者１人に対して何人の求人があるのかを示す有効求人倍率は、リーマンショックの影響を受けた2008年以降は1.0を下回った年もありますが、最近では新型コロナウイルスの影響があったとはいえ、概ね１倍以上の数値で推移しており、2022年は1.2倍程度となっています。

常に１倍以上の有効求人倍率があるということは、職を探している側からすると安心感がありますが、採用をしたいと考えている企業側から考えると簡単に採用ができる状態でないことを意味しています。

デジタル人材が数十万人規模で不足していて、デジタル人材にシフトさせていくための国家予算が付くほどです。経理部門だからと言って簡単に採用できる時代ではなくなっています。

実際、経理職は専門性が高い職種ということもあってか求職者が人材紹介会社に登録をすると多数の企業から採用のオファーが来ているという状況で、まさに売り手市場になっているのです。

売り手市場の中で採用をするということは、他社との採用競争に勝たなければなりません。

そのためには、

「給料水準を引き上げる」

「福利厚生を充実させる」

というような待遇面の改善もしなければならないかもしれません。

ただ、そうすると当然**既存の社員の待遇にも影響を与えるので全社的なコストアップにつながってしまう可能性**はあります。

一部の中途採用者だけを高い給料で採用してしまったことで、社内での調和が崩れてしまうということもありますので、安易に給料を上げるという選択肢をとると他への影響も大きいです。

もちろん全員の給料水準を一気に引き上げる余力がある会社であれば待遇面の改善で採用力を強化できるかもしれません。

採用による失敗は数十年後まで影響を及ぼす

あるいは、

「少々採用基準に達していなくても採用してしまう」

「あまり実態を伝えずに採用をしてしまう」

というように採用で妥協をしていくケースもあるかもしれません。

この場合、**あまりにも仕事ができない人材を採ってしまい、会社に貢献するどころか他の社員の足を引っ張ることとなり、会社全体へマイナスの影響が出てしまうケースも多い**です。

さらに、一旦採用すると基本的には雇用は維持していく必要があります。採用で失敗してしまったからと言って、日本では安易に解雇をするということはできません。

会社は、人件費を本人が定年退職するまで支払い続ける必要があります。人件費は基本的には固定費なので、採用で失敗をした場合は長きにわたって影響が出ることになってしまいます。

また、入社後ギャップが大きい場合は、短期間で退職されてしまうケースが多いです。採用された側からすると当初聞いたことと入社した後の実態が大きく異なっている場合、退職という選択をとることもままあります。

売り手市場なので、次の転職先も見つけやすいということも背景にあるかもしれません。

退職するので固定費がなくなるからよかったと考える方もいるかもしれませんが、それは早計です。

人材紹介会社を使って採用をした場合などは、通常年収の30～40％程度の手数料を人材紹介会社に支払わなければなりません。

仮に手数料率が40％の場合は、年収500万円の人材を採用すると200万円を人材紹介会社に支払うことになり、退職（契約によって短期の場合は紹介料が一部返金されることもありますが）した場合は、結果として人員の確保ができず手数料だけが発生してしまったということになりかねません。

このように**売り手市場で採用が厳しい時期は、採用すること自体も大変ですが、採用で失敗した場合のマイナスも大きい**のです。

そこで、**採用をして経理を回していくという手法の代替手段として、BPOの活用をしている会社が増えてきている**のです。

BPOの場合は雇用と違って、仮に想定通りの仕事をしてくれなかった場合でも解雇するという手段をとる必要はなく、契約の解除で業務は終了となりますので費用が永久にかかることはありません。

無理に採用をせずに、安定的に業務を遂行する手段の一つとしてBPOがあるのです。

採用市場が活況なのはデジタル系だけではない…

採るための努力半端なし

有効求人倍率 1 倍以上は継続

給与水準を上げるしかないかぁ。
福利厚生を良くするかぁ。

コストアップは避けられない
既存社員との調整を考えると
さらにコストアップ

採用の失敗の影響

スキルに不安はあるけど採用しちゃいますか。

やっぱり駄目だったけど解雇もできないしなぁ。

採用のコストも大きいけど、定年までの固定費はもっと大きいですね…。

ポイント

・BPOは採用が難しい場合の解決策の一つ。
・採用をして失敗をすると固定費の増加になるし、場合によっては他への影響もある。

Case 8
モンスター経理が会社を脅かす

特定の社員に経理を任せ続けると社内で変な誤解を生じさせることになりかねません。

キャサリンさん、今日は来て下さったのですね！

元気そうですね。何か気になっていることはありませんか？

最近社員がモンスター化しているケースが多いと聞いていますが、モンスター社員が出てくると人事部門は各種対応に追われて大変そうですよね。

経理部門でもモンスター化した社員がいると困った状態になることもあるのよ。
略して“モンスター経理”って私は呼んだりしているわ。

モンスター経理ですか。なんだか怖い感じがしますね。

しのびさんはそんな風にはならないと思いますけど。

モンスター経理がいると、どんな困った状態になるのですか？
キャサリンさん、怖いけど聞いてみたいです。

モンスター社員が1名でもいると会社の雰囲気はぶち壊れる

モンスター社員という言葉は、一定社会に浸透してきているのではないでしょうか。

モンスター社員に正確な定義はありませんが、一般的には、仕事における言動等で部下や同僚等を攻撃したり、上司の指示に従わなかったりして会社に不利益を与える問題社員のことを指します。

モンスター社員が1名でもいると周りは、その社員に翻弄されて職場の雰囲気が悪くなりますし、それに嫌気が差して周りのメンバーが会社を退職してしまうことにも発展します。

問題社員をいさめる上司なども、それに費やす時間が増えることになり、生産性の低下につながることも多いですし、モンスター社員を放置してしまうと、誠実に仕事をしているメンバーの仕事への意欲を削ぐことにもなるので、放置もできません。

このような問題が発生すると通常は、該当部門の責任者が対応し、必要な場合は人事部門の責任者も関与するのが一般的です。

規模の小さな会社であれば社長や役員が対応せざるを得ないことも多いです。

経理部門でのモンスター化は影響力が大きい

経理部門は会社の重要情報である、お金にまつわることを扱っています。

会社の売上、経費、利益といった損益の情報もあれば、預金残高、不良債権、固定資産、借入金といった財産・債務に関する情報もあります。

上場企業であれば、これらの情報は開示していますが、非上場の中小企業の場合は、開示をしていない会社が圧倒的に多いです。

ただ、開示をしている上場企業であっても、開示しているのは開示が必須な情報のみで、例えば役員が使っている交際費の内容といった細かい経費の明細までは開示していません。

大手の上場企業と異なり、**中小企業の場合は、経理業務に携わる社員が少ないということもあり、特定の経理の担当者がモンスター社員化した場合の悪影響は計り知れません。**

経理部門でモンスター化した社員が行動するパターンの一つして、会社のお金にまつわることを社内に言いふらすということがあります。

「うちの会社儲かっていないんだよ」

「社長は毎月、ゴルフに○○回も行って、経費が○○円もかかっているんだよ。」

「専務の飲食代は先月○○万円もかかっているんだよ。」

「この前借入れする時に銀行交渉が大変で、返済できるか銀行に心配されていたよ。」

情報取扱者を気にするくらいなら、安心できる外部に取り扱ってもらうという選択

こんなことをあちこちで言いふらされたらどうでしょうか？

そもそも事実であろうとなかろうと、聞いた社員が会社に対して不信感を持ってしまう可能性はあります。

社長がゴルフに行く費用を会社が負担することの良し悪しはあるかもしれませんが、取引先との関係上、必要に応じて行くケースもあると思います。この点は飲食費についても同様でしょう。

経理部門の担当者はこのような情報を簡単に入手できますが、少なくとも

会社の重要情報として部門内でのみ取り扱うことが原則で、部外で口外することは本来あってはならないことです。

もし、経理を一部の担当者にだけ関わらせて、なおかつその担当者が会社に対して不満等を抱くようになるとどうなるでしょう。**モンスター化して、情報管理が徹底されず、あることないこと情報を流してしまうかも**しれません。

複数の担当者が経理に関与していれば、仮に誤った情報を発信するモンスター社員が出現した場合に、本人を経理業務から外すといった対応はできますが、１名だけしか関与していない場合は代替することができず、ズルズルとその状態が続きかねません。

このような状況は、中小企業では実際に起こっています。

モンスター社員をなだめすかすために、いさめるどころか社員の待遇を良くしてあげるといった真逆の対応をしているケースもあります。

このような対応をしていたら図に乗るだけとはわかっていても、会社の重要業務である経理業務を止めることはできずそのような対応をしているのでしょう。

このような経理のモンスター社員を生み出さないための手段としてBPOを活用している会社もあります。つまり、**経理業務をBPOすることによってモンスター社員が情報に触れられないように遮断を図る**のです。

ただ、実際は、事前にその点を想定してBPOをするというよりも、問題が起きてからBPOを検討するというケースが多いです。

皆さんの会社にモンスター社員予備軍がいないかどうかはチェックしてみてください。

モンスター社員が経理から出現すると影響力半端ない

モンスター社員現る！

自分１人にだけ経理押し付けられてる
うさ晴らしに噂でも流しとくか…。

噂流さない
代わりに、
給料でもあ
げてもらう
か(ふふふ)。

社内の錯乱要因！

儲かってないから借入金の
交渉大変だって聞いたけど
本当なのかしら？

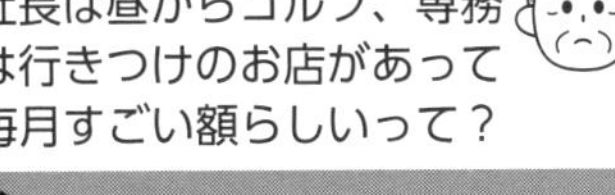

社長は昼からゴルフ、専務
は行きつけのお店があって
毎月すごい額らしいって？

この会社大丈夫なのかしら、
転職したほうがいいのか
な？

ポイント

- 経理担当を特定の担当者に絞ってしまうと社員がモンスター化することがある。
- モンスター化した経理担当が社内事情を周りに言いふらすと会社にとってマイナスでしかない。

Case 9

経理部門の退職者が多いと、人事異動に限界も

　経理部門の退職者を減らす努力を真剣に考えて、実施してみましょう。

友人の会社の経理部門は退職者が続いているようなんです。

穴埋めはうまくいっているのですか？

やや特殊な業務だったみたいで、まだ穴埋めができていないみたいです。

ところで、退職の原因は何か聞いていますか？

業務が過重になっていたと聞いたことがあります。

人事異動などで人の手配ができれば多少の緩和はされたのかもしれませんが、難しい業務をしていたようなので、人事異動だけでは解決できなかったのかもしれませんね。

友人自身も元気がないので心配です。

優秀な人材に仕事が集中してしまうのを避けられるか

友人の会社ということのようですが、経理部門の退職者が多いという話をしのびさんがしていますね。

この手の話は、実務の現場でもよく聞きます。

Case 7 で労働力人口が減っている話と採用が容易でなくなってきているという話をしましたが、退職者の穴埋めのための採用は簡単ではなくなっています。

経理部門の退職でよくあるケースとしては概ね次のようなパターンが多いです。

パターン 1　業務負荷が多すぎて耐えられなくなる。

パターン 2　業務の幅が広がらずに飽きてしまって、もっと幅広く業務ができる職場を求めるようになる。

パターン 3　他社との比較で旧態依然とした働き方のため、就労環境を変えたい。

それぞれの原因を見ていきましょう。

パターン１ですが、これは実際に該当の担当者に退職されると会社としても非常に大きな影響を及ぼすことになりますので、避けたいパターンです。

比較的少数精鋭で経理部門を切り盛りしている場合に起こりがちなのですが、**仕事のできる人に難易度の高い業務が集中するケース**があります。

難易度が高い分、仕事を頼める担当者が限られるために一部の仕事ができる担当者に仕事が偏ってしまうのです。

業務が安定化した後に適宜、業務分担を変更するといったことをすればよいのですが、何ら手を打たずに放置している間に、特定の担当者の業務量が異常に増えて、過重労働が重なり、本人が耐えられなくなり、退職という選択をしてしまうのです。

このようなケースでは、退職した社員が難易度の高い業務を実施している関係上、他の社員が速やかにその業務への対応ができない場合があります。また、特定の社員が業務を行っていたために業務が属人化してしまい、引継ぎが容易でないこともあります。

さらに、経理業務は時期によって繁閑の差が大きく季節労働的な要素もあります。具体的には決算期になると業務量が普段と比較して数倍に達することもあります。そのため、何度か決算を経験すると、「また大変な決算をしなければならないかぁ、もう嫌だから辞めちゃおうかな」という考えに陥る人もいます。経理で働く限り避けられないことですが、繰り返されると嫌気がさしてしまうのですね。

退職者が出た段階になって、初めて選択肢としてBPOを選ぶ会社もありますが、状況が悪化している状態でBPOする場合は、受託する側も困難を伴うことにもなるので、スムーズにBPOが進まないケースも多いです。

BPOを検討することも対策の一つにはなりますが、それ以前にできることとしては**定期的なジョブローテーションを織り込み、特定の人に業務が集中しないようにすることで退職したいという気持ちにならないようにするができる**のです。

もっと成長したい、もっと自由度の高い働き方をしたいというニーズに応えられるか

パータン２はパターン１よりも実害は少ないですが、レベルの高い仕事をさせてもらえないということで退職の意思決定をしてしまうケースです。せっ

かくこれから活躍する可能性があるという観点からは、もったいない話です。

本人に能力が明らかに不足していたり、難易度の高い業務にチャレンジする意欲やそれに伴う責任感がないのであれば、仕事の幅が広がらなかった原因は本人にもあるので話は別ですが、そうでなければ会社側も対応ができます。

ルーティーン業務については、一部BPOを活用することもできるでしょうし、自動化を進めれば人間が関与する業務を減らすことが可能です。

そして、ルーティン業務に代わる新しい業務を任せることで業務の幅を拡げてあげれば本人もやりがいを持って仕事ができる可能性もあるでしょう。

パターン３は経理部門特有のことではないですが、今の環境をネガティブにとらえた結果退職するというパターンです。退職の原因として筆頭に挙げられるのは、実は社内での人間関係がうまくいっていないということです。

そのため、最近は１on１ミーティングを意図的に織り込んで、上下関係あるいは部門横断的にコミュニケーションを活性化させて人間関係が良好になるような仕掛けをしている会社も多いです。まずは**経理部門内でのコミュニケーションを活性化させる仕掛けは必要**でしょう。

さらに、最近は就業環境面に関して、リモートワークができるかどうかという観点で職場を選ぶという人も増えてきています。特にZ世代と言われる若い世代を中心に、働きやすさとして自由度の高さを求める傾向があり、その中の一つにリモートワークの可否ということがあります。

後のケースで改めて説明しますが、経理部門においてリモートワークを実現するためにはいくつかのハードルがありますが、それらをクリアして他社と比較して負けない環境を作ることも求められています。

経理部門の退職者が減れば安定稼働ができる

Before

いつも同じような仕事で飽きたわ。もっと仕事の幅を拡げたいのに…。

優秀な人に仕事が集中してしまって、業務過多で辞めなればよいのだが…。

もっと働き方の自由度が増えれば良いのに、うちは変わらないわ…。

BPOの活用

After

ルーティーンワークを外部委託することで社内メンバーが成長軌道に！

定期的なジョブローテーションを実施し、不足分はBPOを活用して補充。

リモートワークの活用も視野に、コミュニケーション活性化も効果あり。

ポイント

・経理業務のうち特殊性の高い業務を特定の部員に依存している場合、退職時のリスクが大きい。

・リスクヘッジの方法として定期的なジョブローテーションもあるが、BPOも解決策の一つ。

Case 10

メンバーシップ型からジョブ型へ変わる影響は

　ジョブ型が浸透してくると経理部門で求められる人材像も変わってきています。

人事評価制度が変わるって聞きましたけど、どう変わるのですか？

当社でもジョブ型を導入するようなんだけど、詳細は聞いていないんだ。

ジョブ型が経理部門でも導入されるようになると、より専門性が求められてきそうですね

みんなで力を合わせて仕事をするイメージのメンバーシップ型がなくなるというのは寂しい気持ちがしますねぇ。

おっとり部長、哀愁が漂ってますね。
昭和の時代から離れられない堅物って言われちゃいますよ。

ジョブ型とメンバーシップ型のどちらが良いとは一刀両断には言えませんが、時代に合わせて変化していくことも重要ですね。

メンバーシップ型 VS ジョブ型

おっとり部長からジョブ型の話が出てきました。

大企業を中心に日本型雇用システムの見直しについて議論がありますが、その中の一つにジョブ型雇用の導入が挙げられます。

今までの日本型の雇用はメンバーシップ型と呼ばれていて、今後の目指すべき方法の一つとして注目されているのがジョブ型です。

メンバーシップ型というのは、**人に仕事を付けるという前提での伝統的な日本の雇用スタイルで、職務内容を限定しない働き方**ともいえます。そのため、賃金の決定等に影響する人事評価は、職務内容に応じて決まるという側面よりも年功的に上昇していく面も大きく、実績よりも勤続年数や年齢の方が重視されやすい面があります。

それに対して、**ジョブ型**というのは、**役職ごとの職務内容を職務記述書に明確に定義して、その職務内容や職務に対する実績に応じて人事評価がされる**ことになります。そのため**年功よりも実績が重視**されるようになります。

メンバーシップ型が人に仕事を付けるというのに対して、ジョブ型の場合は、仕事に人を付けるということになります。

ジョブ型が浸透したら経理部門はどうなる

ジョブ型が流行で終わらずに浸透してくると経理部門にはどのような影響があるのでしょうか。

導入する企業としては、職務内容を定義する必要が出てきます。さらに、定期的に職務の定義を見直す必要も出てくるのでそれらの負担が生じることになるでしょう。

ただ、職務内容を定義することで、今までなぁなぁに実施していたり、責任の所在が明確でなかった業務が明らかになるメリットもあるでしょうし、職務内容を整理していく中で無駄な業務や重複している業務も明らかになることもあるでしょう。

導入するための生みの苦しみはありますが、業務の棚卸につながります。

導入後に社員に与えるインパクトとして、ルーティーン業務をすることが評価の対象になりにくくなる可能性があります。**職務内容が高度でない場合に、人事評価で評価されなくなってくる**のです。また、**実施している業務の量や種類が少ない場合に、評価が上がらない**ということも想定されます。

職務記述書に記載されているどの業務を実行しているのか、どの程度実行しているのかということが評価軸に入ってくることになるからです。

人事評価を考えると、より質の高い業務に参加することが求められることになりますし、逆に言えばそのような業務にチャレンジする機会を得ることも可能になるのです。

限られた時間や人材で業務を回していく企業にあっては、働く社員により高いレベルの業務にチャレンジしてもらうためにも、定型的な業務についてはBPOを導入することが有効です。

BPOを組み合わせることで、社員には職務記述書のより難易度の高い業務に関与してもらうことができるようになるのです。

人材の流動性が高まることへの備えが必要

Case 9で退職する社員の話をしましたが、ジョブ型が浸透してくるとより自分の能力を評価してくれる会社に転職するという社員が増えるかもしれません。つまり人材の流動化が進む可能性が考えられます。

優秀な人材を繋ぎ止めるためにも、企業としては**ジョブ型が浸透してくる**

ことに合わせて職務内容と処遇とが連動する仕組みを構築していく必要が求められてくるといえるでしょう。

なお、ここでは、やや流行りということもあってあえてジョブ型という観点で話をしましたが、ジョブ型にも課題はあります。

ジョブ型を導入すると、職務記述書以外の業務をしなくなる、他への協力をしなくなりチーム力が低下するという可能性もあります。さらに、将来を見据えて職務記述書を絶えず更新していくとなると運用コストが増えますし、評価だけのために仕事をする人が増えるといった懸念もあります。

そのため、会社の経理部門がジョブ型に全て移行していくものとは言いきれないと考えますが、ジョブ型が導入されなくても業務実績に応じて評価されるような流れは止まらないでしょう。

そのため、業務実績を積み上げていくためにうまくBPOを活用していく企業が増えていく流れは加速していくと思われます。

経理部門にジョブ型が導入されると評価が変わる

メンバーシップ型
職務内容を限定しない働き方

ジョブ型
職務内容や役割で評価する働き方

Before

年功が重視で、細かい業務内容で評価はされていなかったのに…。

決まった仕事だけしておけばよかったのに、それでは評価されないのか…。

人材の流動性が高まるってことは転職しちゃう人が増えるのかな。

After

職務内容を職務記述書に明記するから、それに基づいて評価をします。

ルーティーン業務はBPOして、付加価値のある業務をする必要があるのです。

ジョブ型で評価が適切に行われるように制度設計することも重要ですね。

ポイント

・ジョブ型が浸透してくるとルーティーン業務は評価されにくくなる。
・ルーティーン業務をBPOしていく流れを組み込むことで経理部門でジョブ型の効果が出てくる。

Case 11

コア事業に集中するということ

経理部門が輝くためには自分たちに価値のある業務に注力していくという視点が重要です。

うちの会社は手広くサービスを展開していましたけど、最近は廃止するサービスも増えて売上自体は減っていますよね。
でも、利益率は上がっているんですよ。

選択と集中ということで、価値ある業務に注力する流れですよ。

経理部門でも選択と集中を考えた方がいいかもしれませんね。

経理部門でもそんなことを考えないといけないのですか？

社長が経理部門に期待していることは時代とともに変化して、注力してほしい業務は変わってきていますよ。

経理部門も生き残りをかけて大変になってきているのですね。
頑張ります！

多角化経営 VS コア・コンピタンス経営

企業経営のキーワードも時代に合わせて変遷を重ねていますが、多くの事業を抱える企業が戦略を考えるときに、

既存事業に加えて、周辺事業あるいは新たな領域に進出する「多角化経営」

と

自社の強みであるコア（中核）事業の強みを明確にして、そこに競争優位性を確立する「コア・コンピタンス経営」

の２つの流れがあります。

どちらが優れているということではなく、それぞれ時代に合わせて適合させていくのが経営であると考えますが、前者の多角化経営では一つの事業が足を引っ張っても他の事業がうまくいけば会社全体で見るとプラスになっている場合などは、リスクヘッジが効くという強みが活かされることになります。

後者のコア・コンピタンス経営は、自社の強みが市場で認知され、さらに競争優位性を保持し続けることができれば、業界での地位を確立することが可能となります。もちろん時代とともに優位性が陳腐化されることもあるので、定期的に強みであるコンピタンスを再定義し続けることが必要になります。

事業における「選択と集中」の重要性が叫ばれている昨今は、自社のコア事業に注力するのが流れの一つとなっています。

実際、1990年代にアメリカ企業を復活させた経営手法の一つが「コア・コンピタンス経営」であったと言われています。コア・コンピタンス経営というのは、

- 他社に真似できないような核（コア）となる能力
- 他社との競争上優位となる源泉

を極めて競争力を維持していく経営手法です。つまりは、強みを伸ばして市場を席巻することが特徴です。逆に言えば他社でもできる部分に経営資源を投入することは、競争優位に寄与しないと考えています。

コア・コンピタンス経営はBPOと密接な関係にあります。**BPOを導入する企業の多くが重要視していることは、導入によって経営資源をコア業務に集中させること**です。コア業務を極めていくことで他社との競争に打ち勝つことに注力し、**ノンコア業務は他社にBPOすることで、その分で空いた人材等の経営資源をコア業務に投入する**のです。

コア事業に注力をすることを意図してBPOを活用する企業は増加傾向にあります。

BPOの相談を受ける際にも、自分たちの本業に社員を集中させたいので、できる限りBPOできるものはBPOしたいという相談が多いです。

限られた社内の人員をどう振り分けるかは会社の将来に大きな影響を及ぼす重要な意思決定ですが、会社の強みを生かしていくのであればコア事業により多くの人材を投入したいと考えることでしょう。

自ずとバックオフィス系の部署には人材を割り振ることの優先順位は低くなります。

そこで、BPOを導入して不足する経理業務等のバックオフィス業務のリソースを確保するのです。

経理部門もコア業務とノンコア業務に分けて考える

経理業務をBPOするとなった場合に、コア業務への注力との関係で、考えるべき重要な事項があります。

それは、**経理部門において何がコア業務で何がノンコア業務なのかという**

切り分けです。

ビーポさんが経理部門での選択と集中について触れていましたね。

人員を会社自体の重要業務に配置するとしても、経理部門自体がなくなることはないでしょう。残った経理部門において、重要な業務であるコア業務は継続して実施することが必要になります。

BPOを実施するのは基本的に経理部門の業務の中でも会社の意思決定等に関わらないノンコア業務であることが望ましいです。

意思決定に関わるものまでBPOしてしまっては、会社として考えることをしなくなりますし、経理部門に残った担当者の存在価値がなくなってしまいます。

経理部門におけるノンコア業務は、一般的には、定型的な業務であったり、システムに載せられるものが多いです。

例えば、経費の精算業務などはそれに該当します。それ以外にも会計や税法等のルールに従って作成する書類もコア業務ではなく、ノンコア業務に該当すると考えます。

・作成された数値等を使って分析すること
・将来の投資等の判断を行うこと
・ESGを加味した事業計画を策定すること
・買収企業の購入の検討や購入価格の妥当性を判断すること
といった未来の経営にまつわることが経理部門のコア業務であり、これらはBPOするのではなく自社で実施することを模索すべき事項であると考えます。

経理部門のコア事業に注力する流れを作る！

コア・コンピタンス経営
➡　経理もコア・コンピタンスに注力

Before	After
 とにかく毎月のルーティーンワークで忙しくて、とても新たな業務なんて無理です。	 未来の経営に関する業務に関与できることは経理部門のやりがいの一つです。
経理のコア業務とノンコア業務を切り分けたことないなぁ。 	経営陣からの付加価値の高い業務リクエストに対応できるようなりました！ 
 定型業務をシステムに載せることもしていないなんて時代遅れかしら。	 ノンコア業務をBPOすることで生まれた時間でコア業務にシフトが可能です。

経理業務にもコア業務とノンコア業務がある

		経理業務では…
コア業務	競争力の源泉となる業務（いわゆる本業）	・予算や利益計画策定などの管理会計 ・M&A 等成長戦略、ESG 経営対応
ノンコア業務	コア業務以外の企業活動に必要な業務	・伝票起票から月次・年次決算業務 ・支払、請求書発行などの日常業務

BPO 検討対象

ポイント

・経理部門のノンコア業務を見極める。
・ノンコア業務は自動化やBPOすることでコア業務に時間を割くようにする。

Case 12

経営者は経理部門にレベルの高い仕事を求めている

事務屋さんからの脱却が求められている時代に何をすべきかを考えてみましょう。

最近、社長が経理部門はもっと未来の業務に役立つ仕事をするようにして欲しいって言うのですが、どういうことなのですか？

おそらく、いつも月次決算を作ってそれで終わりになっているから、何かその先を求めているのかな。

月次決算を作るだけで忙しいのに。
これ以上追加の仕事をするなんてあまり考えたくないですよ。

コア・コンピタンス経営の時にも話が出ましたね。
社長の経理部門への期待が高まっていることの現れですので、前向きにとらえましょう。

ここで期待に応えたら、わが社で初めての女性役員登用ということもあるかもしれませんね。

そうよ、しのびさん頑張って！

キャサリンさんに言われたら、なんだか頑張る気持ちが湧いてきました！

経理部門の役割が変わってくる！

しのびさんの会社では社長から経理部門にリクエストが来ているようですね。

これも現場でよくある話で、**経理部門は過去の数字をまとめるだけの役割から、未来の意思決定に役立つ業務を担う部門になって欲しいと経営陣が求めている**という話です。

「実績の数字を出すだけならば事務屋の仕事で、今はもう一歩進めて実績値を使って未来志向の仕事をしてくれ」というメッセージでしょう。

この点に関して経理部門として反論があると思います。

「実績の数字を出す自体は重要な業務であり、その業務に追われて追加の業務をしている時間などない。」

これも、もっともな理由だと思います。

未来志向を目指すということは、会計的な側面でいえば、管理会計に関しては、より詳細な数値を求められるケースが多くなるでしょう。そうなると、部門別（会社によってはもっと小単位のチームや個人別）、プロジェクト別といったように管理単位を細かくした数字が過去実績として求められることが一般的です。

その結果、過去実績を算出するのも非常に大変かつ工数を求められるようになるので、時間が足りないということになるのです。

経営陣としては、「実績を出すのはさっさと終わらせて、分析等に時間を使って欲しい。」、

経理の現場としては、「詳細な情報を求められれば求められるほど実績確定の作業に時間をとられて、未来予測のための時間など取れない。」と主張し、お互いの言い分が平行線をたどってしまいます。

そこで、過去実績の数値を作成する分の時間を圧縮するため、BPOをしようと考える経営陣や経理部門が増えています。

経営参謀としての役割へ、そして真の経営者へ

BPOを活用し、経理部門の担当者が自部門のコア業務に注力できる体制が整うと、経営陣から企業戦略に役立つ情報の提供や戦略実行に関しての提案を経理部門の担当者に求められるケースが増えます。

つまり、**経営参謀としての役割が期待される**のです。

経営参謀として求められる業務としては次のようなものがあります。

- **管理会計の設計・構築**
- **管理会計で集計された結果の分析**
- **損益計算書及び貸借対照表の将来予測値の算出**
- **ESG視点を加味したストーリー性のある中期経営計画策定**
- **投資計画に対する分析と意思決定のための検討資料作成**
- **買収案件での財務・税務デュー・ディリジェンス作業**
- **新規ビジネス参入時のバックオフィス業務全般のグランドデザイン設計**

どれも過去の数値の取りまとめではなく、過去の数値を活用した未来のための仕事で、経営陣がレポートラインに入っているケースが多い業務です。

さらに、気候変動が経営に与えるインパクトをシミュレーションし、未来の経営の在り方を提言するといったことも経理部門の新たな業務になってきています。

経営陣と近い距離で仕事をすることで、成長する機会が得られることはもちろん、様々なケースに対応することでスキルアップも自然と図られること

になります。

そして、何よりも**経営参謀としての役割から経営陣の一員になることも十分にあり得ます**。

最近では、上場企業の社長に経理部門出身の方が就任しているケースも増えており、経理の経験が経営に役に立っていることを物語っています。

“経営参謀” そして経営者への道程

Before

実績値出すだけじゃ仕事じゃないって言われましても…。

管理会計の資料は作っているけど、作るので精一杯…。

資料のリクエストが多くてもっと効率的に作業したいけど…。

After

中期経営計画策定や買収案件のデュー・ディリジェンスにも参画。

作られた管理会計の資料を分析して、今後の経営への指南も実施中。

資料作りはBPOして、効率化の提案も受けることにしたらスピードアップ。

ポイント

・経営陣からの期待は、数字を作った後の未来の意思決定へのサポートであることを意識する。
・経理部門出身から経営者への道はつながっている。

Case 13

BCP対応という観点でのBPO

有事の時のために平時に仕組みを構築しておくことが重要です。

最近はサステナブルや持続可能って言葉を聞くことが増えましたよね。
経理業務にも関係する言葉かなと思いますが、どうなのでしょう？

そうですね、経理部門のメンバーが新型コロナウイルスにり患した際などは、本当にどうやって経理を継続実施していくのかということに頭を悩ませましたよ。

経理部門でもBCP対応を考えておかなければならないですね。

経理部門は、トラブルなく仕事が完了することを期待されているので、例えば振込みが期限までに行われないなんていうことになったら相手の信頼を失うことになるわよね。
事業継続は常に考えておくべきテーマですよ。

普段何気なく仕事をしているので、言われなければあまり考えていなかったです。

BCPという観点でわが社の経理部門の点検をしてみましょうか。

経理業務もサステナブルでないと困る

しのびさんが言っているように、最近は持続可能の英語である「サステナブル」という言葉を標榜する会社が増えたように思います。

2015年9月の国連サミットで採択されたSDGsは、Sustainable Development Goals（持続可能な開発目標）の略称で、2030年までに達成する17の目標が掲げられています。

このSustainable（サステナブル）を企業の経営課題ととらえ、SDGsを意識している会社が増えていることが背景にあります。

SDGsでは、「持続可能性」という地球の環境問題等の社会課題を解決することがメインテーマとして挙げられますが、企業経営の持続可能性も企業としては考えるべきテーマです。事業継続という視点だと、ビーポさんが発言しているBCPということも企業として考えるべきテーマの一つといえます。

BCPは事業継続計画（Business Continuity Plan）の略称で、災害、システム障害、テロ等が発生した際に、重要な業務が継続して実施できるようにしておくための計画を言います。

2020年に感染が拡大した新型コロナウイルスは、WHOがパンデミック宣言をし、日本でも数度にわたって緊急事態宣言が発せられたことは記憶に新しいです。行動制限が行われたため、オフィスへの出社制限をした会社もあり、経理部門でも業務をどのように継続して実施するのか頭を悩ませた方も多かったと思います。

経理業務が止まると実害が発生する

経理部門の場合、次のように期限の決まっている業務や、期限を超過した場合にペナルティが課される業務を多く取り扱っています。

・上場企業であれば期限までに有価証券報告書や決算短信等を開示しなければなりません。
・税務を担当している場合は、申告期限までに申告をするとともに、納付期限までに納税をしないとペナルティが発生することになります。
・取引先への支払いは期日までに支払わないと信頼をなくしたり、取引が中止されてしまったり、場合によっては遅延損害金を支払う必要が生じます。
・給与計算を行っている場合は、期限までに正しく給与額を算定する必要があります。そのうえで、従業員への給与は期日までに支払わなければ労働基準法違反になりますし、従業員側の立場からすると期限までに給与が支給されないと個人のローンの支払い等に影響する可能性もあります。

このように経理部門においても、何らかの理由で業務がストップしてしまうと利害関係者に多大な影響を及ぼす可能性がありますので、BCPの観点から業務が継続できる仕組みを構築しておくことが求められます。

大きな災害でなくても、担当者がインフルエンザにり患して１週間出社ができない場合や出産のために一定期間休暇に入るといった場合でも業務が停止する可能性があるときにもBCPは役立ちます。

リスクヘッジを図ってBCP対応を行う、BCPの観点からBPOを検討する企業も増加

業務継続のために会社としてできることは事前に行っておくことが肝要です。

特定の人にだけ業務が集中しているのであればまずは業務を分散すること

が必要です。

定期的にジョブローテーションをしておけば、仮に現在は１名の担当者が業務に携わっていて出社ができなくなったとしても、過去にその業務を経験した他の担当者がいるのであれば緊急対応として代わりに業務を実施することも可能です。

また、出社はできなくてもリモートワークが可能というケースもあります。その場合に備えて、リモートワークができるようにインフラを整備しておく必要があります。

社内で定期的にジョブローテーション等を組むことができない場合は、BPOを活用してBCP対応に備えるという方法もあります。

「経理部門は止められない」、「でも、社内のリソースだけに頼りきれない可能性もある」という観点から、事業を継続するに当たって、BPOベンダーに定型業務の一部等を委託しおくことでリスクヘッジを図っておくのです。

人的リソースが不足している会社の場合は、BCPの観点からBPOを検討するケースも増えてきています。

サステナブルな経理を目指して

Before

経理のBCPなんて考えたことなかったわ。

決算開示、月次決算が遅れたら投資家や債権者から信頼失いかねないなぁ。

期限までに支払っていないとペナルティがかかるって本当に大変！

After

普段から業務を分散させて、もしもの備えをしておいたから安心。

リモートワークができる体制を作ることで出社できないときも対応が可能ね。

BPOベンダーに一部の業務を委託することがリスクヘッジにもなります。

- 事業継続計画（BCP）は経理部門でも考えるべきテーマ。
- 業務分散を図る際にBPOを活用しているケースもある。

Case 14
企業買収や会社設立の多い会社での活用

勢いのある会社ではバックオフィスが追い付いていないケースが頻発しています。

部長、また会社を買収するのですか？
経理の人員は増やしてもらえるのでしょうか？

それが、相変わらず増やしてはもらえないんだよ。

そうしたら誰が追加の業務をするのですか…？

ビーポさん、うちと同じように買収をしている会社もあると思いますが、他社はどのようにしているのですか？

買収先の経理部門の方にそのまま業務を継続実施してもらうケースもありますが、その方々に力量がない場合もあります。
その場合は、買収元の人員を買収先に送り込むことが多いです。

うちは、そんな余力はないのですが…。

そのような場合に、BPOを活用するケースもありますよ。

オーガニックグロース VS M&Aグロース

成長し続けるための手法は、大きく分けて２つあります。

一つは外部から企業を買収して成長をするM&Aグロースで、もう一つは、内部資源を活用して成長をする方法で、オーガニックグロースといいます。

それぞれにメリットとデメリットがあり、一概にどちらが良いということはありませんが、既存のリソースだけでは不足がある場合や投資資金を使ってでも早くビジネスを立ち上げるために時間を買うという視点で、M&Aグロースを選択して著しい成長を遂げている会社も数多くあります。

さらに、日本の中小企業に関していうと、事業承継する経営者がいないために外部に会社を売却することで事業を承継させるという流れが定着しつつあります。逆に言えば企業を買収するケースが増えているといえます。

そのため、M&Aの仲介等をするビジネスも活況で、M&Aの支援等をする企業が登録する「M&A支援機関登録制度」に登録されている企業の数は2022年12月現在で2,700件を超えています。世の中のM&Aニーズが高いことが窺えます。

M&Aは買って終わりではない

M&Aグロースの選択をした場合に、買収された被買収企業のバックオフィス部門の職務能力が、買収企業の期待値よりも低いというケースがあります。

このような場合は、期待に添うようにバックオフィス部門の改革を推し進める必要がありますが、なかなか期待通りにいかないことが多いです。

また、買収が実施されたのちに企業体質が合わない等の理由でバックオフィス部門の担当者が退職をしてしまうケースもあります。

このような場合に、買収企業側で潤沢に人材がいてバックオフィス部門に人を派遣できれば良いのですが、実態としてはそこまで余分に人員を抱えている会社は少なく、なかなか派遣できないことが多いです。

良くても現在の業務に追加で兼務として被買収企業のバックオフィス部門も見るというくらいです。ただ、この場合は**兼務をしている担当者の負担が増大し、その負担に耐えられなくて退職してしまうと負のスパイラルに陥りかねません**ので、下手に派遣することが良いとも限りません。

M&Aグロースを志向している会社は、買収後の事業そのものの成長はM&Aの時点では検討をしていますが、バックオフィス部門の管理状態や将来の在り方まで検討しているケースは少ないです。

いわゆる買収前のデュー・ディリジェンスの段階で、バックオフィス部門の課題について把握していたとしても、本業の魅力があれば、バックオフィス部門での課題や懸念は重要視せずに、買収を実行してしまいがちです。買収後に課題解決に向けて行動していることもありますが、実際は買収後にバックオフィス部門の課題解決が速やかに行われていることは少ない印象です。

新規事業開始に子会社を設立する会社は多い

オーガニックグロースで成長を志向する場合は、M&Aグロースの場合と異なり、グループ企業以外の外部人材の影響を検討する必要はありません。ただし、成長のために子会社を設立するケースが多いのでそれに伴う課題が発生します。

具体的には、子会社を設立するときには、経理部門含めてバックオフィス部門を新たに作る必要が生じます。

この場合は、親会社等に人が潤沢にいるのであれば設立した会社の経理部門を兼務してもらう等で対応は可能です。ところが、**人が潤沢にいない場合や新しく設立した会社の業務ボリュームが多い場合などは、リソース不足と**

いうことに陥りがちです。

M&Aグロース、オーガニックグロースのいずれの手法も企業が成長していくためには重要な手法ですが、バックオフィス部門がそれに追いついていないケースが実態としては多いですし、そもそも**事業拡大と正比例の関係で管理部門の人員を増加させようとしている企業は少ない**ように思われます。そこで、**リソース不足を補完するための手段としてBPOを活用している企業も多い**です。

企業買収や会社の新規設立をする場合に、BPOが活用できる前提があれば、どのようにバックオフィス部門を構築するのかという余計な心配が一つ減った状態で買収や会社設立の検討ができます。

M&Aグロースを成功させるには買って終わりではない

成長投資をM&Aに

企業成長にオーガニックグロースでは限界があるのかな？
M&Aで成長を目指すとするか。

企業買収は買うまでは気合が入っているのですが、買った後は関心が希薄に…。

課題

被買収企業のバックオフィスは思った以上にレベルが低い模様…。

買収後のバックオフィス部門の課題解決にBPOを活用するのも選択肢ね。

オーガニックグロースで新規事業開始する際もバックオフィス部門の構築は課題。

ポイント

・事業規模拡大に合わせてバックオフィスの担当者を拡充することは容易でないと認識しておく。
・不足するリソースは外部に依存することで企業の成長を止めない。

Case 15

トップスピードで仕事をしていないかも

ジョブローテーションがない職場だと仕事の速さの比較ができないのです。

仕事がもっと速く仕上がるのではないかと社長に言われてしまいました。

あら、それで少し元気がない感じなのね。

自分では精一杯やっていて、これ以上速くするのは難しいのですが…。
キャサリンさんはどう思いますか？

しのびさんの業務を誰か他の人が実施していて、その人と比較したことはありますか？

私しか実施していないので比較することはできません。

それだと、社長が言っていることに素直に納得することはできないわね。

確かに誰か比較する人がいたら、私も自分の仕事の効率性を客観的に見ることができると思います。

今の仕事の進め方が速いのか、遅いのか？

しのびさんは社長に仕事が遅いのではないかと指摘されたようですが、納得はしていないようです。

はたから見ると仕事が遅いように映るケースなどは、「もっと仕事を速くできないのかな？」って部下などに発した経験がある方も多いのではないでしょうか。

自分が実施した経験のある業務であれば、通常かかる時間を把握しているので、それとの比較で、速いか遅いかということはわかりますが、実施経験のない業務の場合は、感覚的な話でしか伝えることはできません。そのため、今回のように言われたしのびさんのような立場では、釈然としないということになりかねません。

そもそも仕事のペースが速いのか遅いのかに当たって、２つの方法で判断が可能です。

一つ目は、他の人と比較して判断するという方法です。

しのびさんの会社では、どうやら比較する相手がいないために比較ができる状態ではないようです。

ジョブローテーションのような制度が会社にあれば、この方法で判断可能です。定期的に業務担当を入れ替えるか複数体制で実施をしていれば、同じ業務を実施したときの比較ができるので、相対的に仕事が早いのかどうかが判断できるからです。

もう一つは、そもそも今のやり方がベストな方法かどうかを関係者で検討し、仕事の進め方の妥当性を検証することで判断する方法です。

この方法は、会社全体で業務改善を行う意識がなければ進められませんが、常に効率的な方法を模索する会社であれば、少なくとも現時点で一番速い方法で仕事をするという流れを構築することができます。

そのうえで、業務の目標時間を設定して誰が実施してもその目標時間をクリアできるようにするのです。

BPOを導入して標準速度で仕事をする

上記の方法は、BPOの導入とあわせることで仕事のスピードアップを模索することも可能です。

仮にBPOの導入を検討するとなると、BPOベンダーに金額の見積もりをしてもらうことになりますが、この際に前提条件も置かずに見積書を提示するBPOベンダーはいないでしょう。

いくつかのヒアリング事項に答えて、その条件に従って見積金額が提示されることになるのが一般的です。

ヒアリング事項は、様々ですが、

- **現状の業務にかかっている時間や人数**
- **対象業務の取引量**
- **対象業務の進め方**

を確認することが多いです。

１番目の業務に係る時間や人数に関する用語としてFTEという単位が使われることもあります。**FTEは「Full-Time Equivalent（フルタイム当量）」の略称で、１人のフルタイム社員が処理できる仕事率のこと**を言います。

ヒアリング事項に多少の違いがあっても、対象業務にどれくらいの時間がかかっているのかは、見積もるに当たって通常確認する事項となります。

この場合、現在の仕事が最適に行われていないで、見積りをされるとどうなるでしょうか。

現状の時間数を伝えると、当然BPOベンダーとしてはその時間をもとに見積もることになります。

そのうえで、BPOベンダーが同じように仕事をして今よりもスピーディーに仕事をすればその分BPOベンダーとしては採算がとれる仕事になるでしょう。逆に委託側としては自社での努力がなく、スピーディーに仕事をしていなければ通常よりも高いコストで請求されることになってしまう可能性があります。

そこで、いざ**BPOを検討しようと考えた場合には、まずは自社での作業が効率的に行われているのかどうかを判断することが重要となる**のです。

そのうえで、BPOを検討すれば、より良い提案等をBPOベンダーから受ける可能性もあり、さらに効率化される場合もあります。

このように自社で業務を実施するに際して、１人の担当者しか関わっていない業務はトップスピードで業務が遂行されていない可能性もあるので、そのためにもジョブローテーション等を取り入れたり、BPOベンダーからヒントをもらうことを考えてみると良いでしょう。

仕事の速度を上げるための努力を意図して実施

Before

仕事が遅いって言われたけど、本当に遅いのかわからないわ。

今のやり方は前から言われたとおりにしているから今更変えろって言われても…。

現在の仕事の内容を分解して、かかっている時間を把握しろって言われましても…。

After

同じ仕事をする人が他にいると比較衡量が可能となります。

業務改善を実施する風土を築けば、進化はできるわね。

BPOを導入すると業務のボリュームや時間が可視化されてきます。

ポイント

- 目標時間の設定をして、あるべき時間で業務が完了するようにする。
- BPOをする場合でも現在の業務にかかる時間が把握できていないとコスト効果を把握することができない。

Case 16

働き方改革の中で労働時間の圧縮

ワークライフバランスが求められる時代にどのように時間を圧縮するのかを考えましょう。

ワークライフバランスという言葉が浸透しましたけど、どの会社もうまくいっているものなのですか？

残念ながらうまくいっているとは言えませんが、目指すべき方向性であることは間違いないですね。

うちの会社も考えないとですよね、部長！

そうですね。残業時間の削減にはかなり力を入れたので、時間数は減ってきていると思います。

それはいいことですね。
できれば、生産性が上がった証として時間を削減しつつ、追加で付加価値の高い業務が実施できればよりよいのですが、その点はいかがですか。

確かに残業時間が減っただけではあまり達成感がないので、ビーポさんの言うように付加価値の高い業務にも取り掛かりたいですね。

まだまだ続いている働き方改革

最近の採用の現場において、「ワークライフバランスを重視している」という声が求職者の方から多くあがっているという話は耳にしますし、実際の統計データでも重視する事項に労働時間（もちろん過重ではなくて少ないかどうかということ）ということが上位にあがっているようです。

特にここ数年間で施行された働き方改革関連の法律で残業時間の抑制が整備されたことも大きく影響しているでしょう。

ただ、もう一方で**日本は、OECD加盟国の中でも生産性が低い国として数十年間位置付けられている**ことも忘れてはなりません。

人口が日本の倍以上のアメリカと比較しても**１時間当たりの労働生産性は、日本はアメリカの３分の２程度しかない**のです。

長時間労働は問題ですが、生産性が低いということは、単純に労働時間を削減しただけだと、日本の給与水準は低い国という立ち位置になってしまいます。実際、日本の平均年収は過去30年間程度ほぼ横ばいの国となってしまっています。有能で稼ぎたいと考えている人が日本から海外に出て、海外で稼ぐようになっているという実態もあります。

労働時間を減らしながらも生産高を上げることが課題

そこで、ワークライフバランスを考えるときに、同時に考えなければならないことは、生産高を上げながら労働時間を圧縮していくという視点です。

単純に労働時間を削減しただけで、生産高が低下してしまっては、意味がありません。

経理部門がワークライフバランスと生産性の向上を考えるに当たっては、

①　**「労働時間を削減する」**

②「時間が削減されても間違いのない正確な成果物を創り出す」

③「より価値の高い業務を提供して会社全体の生産性向上に寄与する」

といったことが必要となります。

そこで、働き方改革の推進を図る過程でBPOが活用されている事例から、上記の３項目をどのように解決しているのかを見てみましょう。

①の労働時間の削減ですが、BPOを活用することで既存の社員の労働時間を外部に分散することができます。既に生産性が高く、利益を潤沢に稼いでいる会社の場合は、それだけで解決したといえるケースもありますが、そうはいっても外部にコストを支払うことになるので、やはり②や③の視点も考える必要があります。

②の正確な成果物を提供することは、経理部門だからこそより求められる視点といえます。経理部門は、時間を削減しても、いい加減なものを提供することは許されない部門です。支払であれば正しい金額を期日に支払う必要がありますし、決算数値は基本的に１円単位で正しく算出する必要があるのです。

BPOを活用する場合は、一次的な金額の算出や確認はBPOベンダーに委託して、算出された内容を会社がチェックするとことで正確性を担保しているケースは多いです。もちろん信頼性の高いBPOベンダーであれば、一次処理自体の精度が高くなっているので、委託企業側のチェックボリュームは相対的に減ることになります。

最後に③の付加価値の高い業務を提供するという点に関しては、BPOを活用して生み出された時間を活用して真に求められている業務を実行していくことで実現が可能です。

給料が上がらないまま、労働時間だけが減っても経済的な豊かさがないと生活は豊かにならないですよね。真にワークライフバランスが満たされるようになるために、生産性を上げて給料が上がる仕組みを模索する必要があるのです。

働き方改革はまだまだ続く！

Before	After
 残業時間含めて労働時間の削減はまだまだ課題ね…。	 BPOを活用して労働時間を縮減することが可能に。
ワークライフバランス重視の魅力のある働き方を整備しないとだなぁ。	外部にコストがかかっても従業員満足が上がるならコスト効果があるということですね。 
 日本って、OECD加盟国の中でも１時間あたり生産性は低位の国なんだぁ…。	 付加価値の高い仕事ができるようになったので、生産性向上にも寄与しています。

ポイント

・働き方改革の推進にBPOを活用している会社も多い。
・生産性の向上を図ることが働き方改革であることを忘れない。

Case 17

コストダウンはやっぱり目指したい

バックオフィス部門は予算が取りにくいのでコストの引下げについて意識しましょう。

BPOを導入する際に、コストダウンを目的にする会社もあると聞きましたが。

はい、コストダウンに重きを置いて導入を検討する企業もあります。

素朴な疑問ですが、BPOをするとコストダウンは図れるものなのですか？

そもそも外部業者にお金を払うことになるのに、コストダウンになるのでしょうか？

何のためにBPOをするかにもよりますが、少なくともBPOする業務に関して、社内でかかっているコストとの比較でコストダウンになるケースは多いですよ。

なるほど、現在かかっているコストと比較をするということですね。

そのため、現在かかっているコストをどのように考えるのかということも重要になってきます。

コスト削減を考えない経営者はいない

BPOの導入が経営陣からのトップダウンで降りてくる場合は、話がスムーズに進むことが多いですが、BPOを検討したいと経理部門が考えても、すんなり話が進まないケースも多いです。

それは、**費用対効果があるのかどうかという観点で経営陣の納得を得ることが難しい**からです。

経理部門はバックオフィス部門の一つですので、事業部門と異なり会社から追加の予算が下りにくいことが多いのではないでしょうか。

直接売上を計上していない部門ということもあって、簡単に追加コストを許容してもらえないということなのでしょう。

BPOの導入をした場合に、現在社内でかかっているコストよりも安いのかという疑問もわくと思います。

この点については、必ずしも下がるとは断言できませんが、一般的には下がることが多いです。

なぜ下がることになるのでしょうか。

代表的な理由としては、

①　専業として行っているので、コストを下げることを常日頃考えている

②　人件費が安い場所を拠点に仕事をしている

③　専門的な業務が含まれていると専門家コストが全体コストの中で配分されることで安く抑えられる

といったことが挙げられます。

BPOを導入してコスト削減が可能なカラクリ

掘り下げてみていきましょう。

①については、コア・コンピタンス経営（**Case 11**）でも触れましたが、企業は強みを生かすことで市場での競争優位性が高まりますので、BPOを主たる業務として行っている会社であれば、その主たる業務に磨きをかけるのはごく当たり前のことです。

経理に力を入れているのであれば経理業務の効率化等については常に考えながら業務を遂行することになるので、自ずとベストプラクティスを実践するようになります。その結果提供するサービスの価格は一定程度低く抑えることができるようになります。

②については、オフショアBPOといわれることがありますが、人件費の安い海外にBPOセンターを設置して、コスト削減を図る方法です。

中国、東南アジア、インドなどが代表的な国ですが、**人件費が比較的安い国に拠点を置いて、そこで実際の作業をして、日本との人件費差額を活かして比較的リーズナブルな価格でサービスを提供する**のです。

ただ、オフショアを活用したBPOに関していうと、最近では海外の給与水準が上昇傾向にあるため、日本の人件費が相対的に下がってきており、あまり人件費差額のメリットが享受できなくなっていることが課題となってきています。また、**品質面に関して海外で作業されたものの品質が高くないといった印象を持つ企業もあり**、活用をしている企業が爆発的に多いといった状況ではありません。

③の専門的な業務が絡むと安くなるという点は、例えば会計や税務的な業務であれば公認会計士や税理士が判断等をすべき局面もあります。このよう

な場合に、自社で対応しようとするとそれらの専門家を自社で雇用するか、雇用しない場合は部分的に業務をBPOする必要があります。社内で雇用する場合は、専門家なので人件費は通常よりも高いケースが多いのと、仮に採用した場合でも、社内に専門的な業務が十分あれば良いですが、それほど専門的な業務がないのであればコスト高になることもあります。

また、一部をBPOする場合ですが、スポットで委託する場合は比較的コストが高くなるケースが多いです。

その点、専門家を社内に抱えているBPOベンダーに委託するとBPOベンダーの中で専門家が実施する業務とそうでない業務を区分しており、専門家のコストを全体のコストの中で吸収してくれるので、サービスとして提供する対価にはそれほど転嫁されないことになり、結果として安く抑えられるようになります。

また、専門家が関与すると品質のレベルが一定化するというメリットもついてきます。

専門家が関与し、品質管理体制がしっかりしているBPOベンダーに委託をすると一定のコストの中で高い品質が維持されるようになるのです。

BPOのコストは何と比較したらよいのか

BPOをした場合にコストダウンが可能ということについて説明をしてきましたが、そもそもBPOベンダーに支払うコストと比較するコストをどう考えるのかということも重要です。

BPOする予定の業務に携わっている社員の人件費は当然比較対象になりますが、それ以外にもその社員にかかっている法定福利費や福利厚生費も比較対象コストに加えて考えるべきでしょう。

さらには、**BPOベンダーが会社に常駐する形態でなければBPOベンダーの**

ために座席等を用意する必要がないのでその分の賃料もコストダウンの対象と考えることができます。

また、意外と気にしていないコストとして、**経理の人材を採用するための採用費や採用後に教育するためのコストというのがあります**。

このようにコストダウンがなされているかどうかを判断するに当たっては、人件費以外の周辺コストも合わせて考えることで、BPOを実施するべきかどうかを検討すると良いでしょう。

BPOでコストは下がるのか

経営陣からコスト削減要請があるけど、BPOして下がるのかしら？

コスト削減が生まれる仕組み

BPOの導入事例数が多いと他社で実践したことを業務に織り込むので、自ずとベストプラクティスを実践することを通じてコスト削減も実現するのです。

安い人件費をうまく活用することで削減する方法もあります。ただ、日本の人件費が相対的に低くなってきているという問題と品質とのバランスも課題になっています。

専門家コストも分散化されることで、１社に与えるコストインパクトをおさえることができるのです。

ポイント

- BPOでのコストダウンを考える際は、質とのバランスも考慮する必要がある。
- コストは人件費との比較だけではなく、福利厚生費、賃料、採用費、教育費等も含めて考える。

Case 18

IPOを目指している際に時間を稼ぐ

やるべきことの優先順位を決めて、ゴールを目指して走りきりましょう。

うちも上場を目指すって話が出ていますけど、仕事が増えすぎないか心配です。

2022年は新規上場（IPO）をした会社はTOKYO PRO Market含めて108社とのことで、３年連続100社を超える実績となったようです。
上場するに当たっては、経理部門は各種資料の作成や監査法人対応等が求められることになり、多忙を極めることが多いです。

そう思って、上場対応ができる経理の人材を探しているのですが、なかなか採用できていません。
人員を増やしたいのですけどねぇ。このまま採用ができないと、仕事の量だけが増えて無事に上場に漕ぎ着けるのか心配です。

キャサリンさん、他社でも同じような話を聞くとのことですが、上場を目指している他社はどのように乗り越えているのでしょうか。

業務の一部をBPOしている会社も多いですよ。

とにかく時間が欲しい

会社にとって上場する機会というのは頻繁にあるものではありません。もちろん短期的に市場替えを行う会社であれば数年内に複数回の上場にまつわる業務を実施することがあり得ます。ただ、そのような会社は少数派なので、社内に上場実務の経験者があまりいないケースが圧倒的に多いです。

そのため、IPOを目指すとなると、経理部門の担当者でもIPO準備のためにはかなりの時間を要することになります。

そこで、**時間を捻出するために経理業務をBPOしたいという会社**も多いです。

内部統制も図りながらのBPO

上場するのだから自社で経理業務は完結しないといけないと考える方もいると思いますが、最近の傾向として、完全に外部に任せてしまって、会社側が全く中身を把握していないケースは別として、外部のリソースを使いながらIPOを実現しているケースは増えているようです。

会社が中身を全く理解していない、あるいはBPOベンダーが実施した作業内容をチェックしていないとなると内部統制に不備があるといわざるを得ないことになります。

そこで、一般的には**作業面はBPOベンダーにアウトソーシングして、中身のチェックを会社側が行うという形態にして内部統制が有効に機能**するように図ります。

どこまでBPOしているのか

IPOを志向する会社は経理業務をどの範囲まで依頼しているのでしょうか。

依頼している範囲は広範囲にわたっています。

一番多いのは、経費の精算業務等の日常業務ですが、決算業務、開示業務などまで依頼をしているケースもあります。

基本的な依頼の仕方は、作業自体をBPOするものの、出来上がった成果物については委託した会社側でチェックを適切に行うという方法です。

適切にチェックができてさえいれば、作業自体を社内の担当者が行っていなくとも会社が成果物について責任を持つことができるので、上場審査に耐えることは可能となっています。

ただし、**会社側が中身を把握していなかったり、チェック機能を果たしていないようであれば、経理機能が会社にないと判断されて上場審査において問題視される可能性はありますので、内部統制を機能させたうえでBPOする**ということは忘れないようにしましょう。

コア業務への注力は大きな効果

経理のBPO業務を適切に行うことによる最大の効果は、経理部員が本来行うべきコア業務であるIPO準備業務に注力できることでしょう。

IPOを決めた以上は、短期的なゴールは、上場を果たすこととなります。そのための期間として、２～３年程度の期間集中して上場対応を行うことが一般的なので、その間にどれくらいコア業務に注力することができるのかが重要となります。

日常業務が忙しくて肝心なIPO準備業務が疎かになって上場が延期になってしまったなんて言うことになったら本末転倒ですし、経営者から大目玉を食らうことになってしまうかもしれません。

あるいは、日常業務もこなしながらIPO準備も並行して行うために過重な労働が続いたら体を壊してしまうかもしれません。

たまにあるのが、そのような環境で業務を実施する人がいなくなってしまったのでBPOをしてくれないかという依頼です。

ただ、なかなかそのような状態からリカバリーするのは大変なので、当初から余裕をもってBPOをしておく方がIPOを達成するには有益だと思う現場もあります。

上場後も継続利用しているケースも

今まではIPOをするまでの期間に経理のBPOを活用する話をしてきましたが、IPO後も引き続きBPOをし続けるパターンは多いです。IPOをしたからと言って経理部門が暇になるわけではありません。

上場後は、企業規模拡大のためにM&Aをすることもあるでしょうし、投資家に興味を持ってもらうためにIRにも力を入れなければならず、経理部門の担当者にも多くの役割が課されます。さらには、資金調達のための手法の多様化、従業員向けのインセンティブプランの策定等、実施すべきことは山のようにあるといっても過言ではありません。

そこで、**上場後も日常業務をはじめとしたルーティーン業務はBPOを継続して、経理部門の担当者がコア業務に割ける時間を確保するようにする**のです。

実際、そのような時間とコストの使い方をしている会社が成長し続けているように感じます。

IPOするときに欲しいのは“使える時間”！

Before	After
 上場準備のための作業もあるけど、日常業務があって大変。	 BPOを活用して日常業務から解放されることでIPO準備に注力できます。
BPOした場合に、内部統制上の問題は生じないのか心配。	BPOベンダーが処理した内容をチェックすることで、内部統制が効く体制を構築していくことになります。 
 IPOした後も、暇にはなりそうもないし、もっと多様なことをしなければならない。	 上場後も経理業務をBPOし続ける会社は実際は多く、上場企業特有の業務に時間を割いているようです。

ポイント

・BPOしても成果物の確認をして内部統制を機能させることが重要。
・IPOを目指すのであればルーティーン業務をBPOして、社員が上場関連業務に注力できる体制を整えることも有益。

2 BPO導入のメリット

BPOを導入で得られるメリットをしっかりと認識してから導入に踏み切りましょう。

Case 19

抵抗勢力を抑えながらの標準化

業務改善は外部に頼むことでスムーズに進むことも多いです。

うちの会社がBPO導入するとなっても、経理の副部長は業務の流れを変更するのに抵抗するからうまくいかないんじゃないですか。

確かに、あの人はこだわりが強すぎて変化に柔軟ではないからね。

なんでそんな人が副部長なのかっていうのも気になりますが、そういう環境であればあるほど、実は外部の力を使って業務の流れを変えていく必要があると思いますよ。

そうですね、社内の人の言うことは聞かないですけど、社外の人の言うことなら聞くかもしれません。

もちろん、そんな単純ではないと思いますが、外部の意見が入ることで議論が活発になることも多いです。

私の言うことはあまり聞いてくれない感じだけど、ビーポさんの話なら耳を傾けてくれるかもしれないですね。

部長、そんな弱気なこと言ってないで、私たちも頑張りましょうよ！

抵抗勢力が会社の成長を止めてしまうかも

しのびさんのコメントによると経理の副部長は、社内の抵抗勢力というレッテルが貼られているようですね。

こういう人が上司にいると、部内のムードは悪くなりますし、新たな取り組みにチャレンジして行こうという雰囲気は醸成されにくいですよね。あるいは、新たな業務改善の提案をしても却下されて進まないことも多いと思います。

ただ、企業は成長をしていくために新たな取組みを実施して行く必要があり、経理部門であれば現在の業務フローをより効率的な流れに変更するといった動きが必要になってきますので、社内の抵抗勢力がいたとしても変えなければなりませんよね。

特に経理のデジタルトランスフォーメーションなど世の中が変わっていくときに変化に対応できないということは、企業として死に体になりかねません。

そのようなことはわかってはいるのだけど、うまくいかない要因を作っているのが社内の抵抗勢力ということも多いです。**特に自分のわからないことや得意でないことを進められると自分の地位が脅かされる、自分の仕事がなくなってしまうという観念にかられて新たな取り組みには何かと反対**をするのです。

このような**状況を打開するために、外部に活路を見出すケース**もあります。

うまく第三者を使い倒そう

社内の人からのアドバイスには耳を傾けないけど、社外の人からのアドバイスには耳を傾けるという人もいるので、経理業務を改革する際も外部の人に発信してもらうことで、うまく改革が進められることもあります。

経理部門で業務改革を進める場合に、業務フローを標準化するということは非常に有益です。

標準化をする際には、業務フローを文書化することが重要です。**文書化をすることで今までブラックボックスだった業務の流れが可視化される**ようになるのです。

標準化されれば特定の人にだけ業務が集中しなくなったり、業務が誰でもできるようになったりするという利点があります。

また、業務のやり方が非効率であれば、それを効率的にしていくことで生産性は向上していくことになります。効率性等を追求して業務フローを変更していく過程で、新しいシステムを導入することもあります。

システムは使いこなすようになれば生産性向上に寄与することが多いですが、まずはマスタの設定を筆頭に導入のための準備に一定程度の時間を要することになります。

そこでの工数が無駄だから導入を見送ろうといったコメントをする人もたまに見かけます。

このように社内からの反対の声があがるケースなどの場合は、**外部の専門家にミーティングに入ってもらうことで、社内メンバーの意見が良い方向に集約されることもありますので、外部の専門家を使うことも有益**です。

BPOを実施しているベンダーであれば数多くの経理の現場等の経験が豊富なために、ベストプラクティスを提供してくれる可能性もあります。

なかには、業務効率化のために新たな仕組みの導入をしたいと考えていても忙しくて時間を確保することが難しいので導入に前向きになれないということもあります。

そのような場合でも、**業務フローの構築に関してBPOできるのであればBPOして、まずは導入までこぎつけるという方法**もあります。

機会を逸すると業務効率化をしないまま時が経過して陳腐化してしまいますので、「今実施しよう！」と思ったときに外部のリソースを活用して前進してみてはいかがでしょうか。

社内の抵抗勢力をどう御していくのがよいのか

抵抗勢力を理由に会社の成長を止めない

第三者を介在させることで言いにくいことも言ってもらい、前進させましょう。

業務改善にシステム導入は有益な手段ですが、マスタの設定でつまづいては先に進まないので、BPOを活用して時間を生み出すことで活路を見出せます。

他社の効率的な業務フローを熟知している第三者に誘導してもらうことで、抵抗勢力を外しても業務が進むことも多いです。

ポイント

- BPOを導入すると業務を可視化していくことになり、結果として標準化が進むことになる。
- 社内に抵抗勢力がいて変化をしないままでは問題の先送りであり、BPOを活用して業務プロセス改善を進める。

Case 20

リモート対応、クラウド活用

BPOの導入にあわせてリモートワークの実現性も高くなります。

当社のシステムは社内からしかアクセスができないのですが、BPOを導入する場合の影響はありますか？

社内に常駐するオンサイト型のスタイルであれば問題はないです。

オンサイト型のスタイルというのは、会社に来社する形態ということでしょうか？

はい、現地に赴いて業務をする形態です。

やはり今の当社のシステムだと、オンサイト型でないと操作してもらえないということですね。

BPOを提供するスタイルとして会社に来てもらうのではなくて、外部で業務を進めるオフサイト型というのもありますよ。
ただ、昭和産業のシステムを前提にするとオフサイトで遂行できず、BPOベンダーを選択する際にオンサイトのスタイルを提供するベンダーしか選ぶことができないので、結果として選択肢は狭まることにはなります。

友達の会社の経理部門では自宅からもアクセスできるようなので、うちもそうなればいいのに…。

オンサイト型　VS　オフサイト型

BPOを導入しようとしている場合に、システムとしてどのようなものを使っているのかは受託してもらえるかどうかという観点では肝になります。

一昔前はBPOのスタイルとして委託企業の経理部門の現場に行って作業をする形式が多かったです。このように**現地に赴いて作業する形式を常駐型やオンサイト型といった言い方**をします。**オンサイト型の対語として使われるのが、オフサイト型です**。オフサイトとは、現地から離れた場所のことを指して、BPOの現場でオフサイト型というときは、委託元と異なる場所で作業するスタイルのことを言います。

オンサイト型の良さは、経理部門の担当者のそばで実際に作業をしてくれるBPOベンダーの社員がいるので、仕事を頼みやすいということが挙げられます。

ちょっとした指示や修正の依頼なんかも、そばにいるのでストレスなく伝えることができます。

また、システム面に関しても会社からしかアクセスできないようなシステムを使っている場合は、現地に赴いてもらわないと作業ができませんので、オンサイト型しか選択肢がないという現実もあります。

ただ最近は、**現地に赴かずに作業をするオフサイト型のBPOを提供している会社も多い**です。**現地に赴かずに作業を提供する前提として、利用するシステムが外部からアクセス可能かどうかという点が肝**になります。

クラウド型導入でリモートワークもスムーズになる

最近では、クラウド型のシステムを利用している会社も多くあり、この場合は外部からのアクセスが可能となっています。

実際、**BPOの検討をする際に、システム面で会社からしかアクセスできないシステムを利用している場合は、対応してくれるBPOベンダーが少なく、そのためクラウド型のシステムに入れ替える**といったことも行われています。

また、BPOを受けてくれるかどうかという点で、利用者数が少ないシステムや会社が最初から自社で作成したシステムを使っている場合は、BPOベンダー側では、そのシステムを使った経験がないために、そもそも依頼を受けなかったり、依頼を受けるにしてもシステムに慣れるためのトレーニング費用や期間を考慮して受注金額を高く提示せざるを得なくなったりすることもあります。

そのため、**BPOの活用を考える場合は、利用実績が多くてクラウド型のシステムであることが選択肢の幅を広げる**ことにつながります。

また、仮に現在会社からしかアクセスできないシステムを利用している企業の場合、経理部門の担当者はリモートワークを実施することができないことが想定されます。

しのびさんの友人の会社のようにリモートで経理業務をできるようにしている会社も増えていますし、そのようなニーズも増えてきています。

リモートワークの実施を会社の経営者がどのように考えているかにもよりますが、そのような期待に応えるという観点では、クラウド型のシステム導入を、BPOの利用をきっかけに実施して、同時にリモートワークの実現もすることは時代にマッチした行動といえるでしょう。

Check!　業務スタイル変革

☑ クラウド型導入で選択肢が拡がる。
☑リモートワークのニーズも同時に実現する。

ポイント

・オフサイト型でのBPOを志向するにはリモートでシステムにアクセスできる仕組みが必要になる。
・クラウド型のシステム導入は着実に増えてきていて、リモートでのBPOの他、リモートワークの実施可能性も高まる。

Case 21
属人化からの脱却と不正の防止

経理部門の不正の発生は一極集中が原因であることも。

この前新聞で大手企業の子会社の経理社員が20億円の横領をしたというニュースを見ましたが、こういうことって多いのでしょうか？

あのケースは経理担当者が１人で何でもできる体制になっていたのではないかな。

経理の管理体制に問題があったのでしょうね。

なぜだか、この手のニュースはなくならないですね。

体制に問題があったのであれば複数体制にすればよいのではと単純に考えますけど、実際難しいのでしょうか？

経理部員に余裕がある会社なら対応可能かもしれませんが、ギリギリの人数で実施している会社にとっては難しいような気がしますね。

複数体制を敷けない会社はBPOを導入して、不正が起こらないように牽制を図っているケースもありますよ。

経理部門の横領はなくならないのか？

不正の種類にもさまざまですが、多くは次の2つに分類されます。

粉飾：決算数値等を本来と異なる数字にいじる

横領：会社のお金を個人の私腹のためにくすねる

粉飾の場合は、経理伝票で架空の売上を計上して売上があがっているかのように見せる、本来計上すべき引当金を十分に計上しないで損失を隠ぺいする、在庫をかさ増しして利益を本来よりも多く計上するというような様々な手法で財務諸表を改ざんすることをします。

経営者からの過度なプレッシャーや金融機関からの融資を継続するために利益を実際より多く見せたいといった要因が背景にあることが多いです。

横領の方は、経営者自体が会社のお金を私的なものに使うケースもありますし、経理部門の担当者が上司等に発覚しないようにしながら会社のお金をくすねるケースもあります。

前者の経営者が私的に使うケースですが、これは経営者としての倫理観がない人が経営者という職位についてしまうと防止するのが正直なところ難しいです。本来不正を取り締まるべき側の人ですからね。

非上場企業の場合は、株主自身が経営者であることも多く、会社のお金は自分のお金という感覚で経営しがちな面もあり、そのような状況で防止するためには、経理部門の担当者が、社長が使う経費や送金実績の内容を確認して、会社の経営上必要なものかどうかという判断を、経理処理をする際に行うことで一定程度抑止することは可能です。

後者の**経理部門の担当者が横領をするケースですが、これは横領できる環境を与えていることが主な原因**です。経理部長等の上席者が横領するケースでは、経理部長等のさらなる上席者が、部下である経理部長の処理した結果を確認しないため発覚が遅れるということが多いです。

現場でよくあるのが、**上席者ではあるものの、経理の知識がないので踏み込んで確認をしないまま放置してしまうというケース**です。これは実質的に仕事を放棄しているとも言えますね。

経理部門の担当者クラスが横領するケースも、**上司の経理部長等が経理担当者に送金業務や帳簿作成業務のいずれも任せきりにしていることが原因である場合が多い**です。

上司が送金のチェックをしない、その後の帳簿のチェックもしないとなると、担当者としてはある意味無法地帯を与えられている状態です。担当者の個人の口座や架空の会社名義の口座に不正に送金をすることなんて簡単にできてしまいます。

チェック体制が効いている会社であれば、担当者が作成した送金情報を上席者が確認して、送金自体は上席者が行うようになっていて、明らかに不審な送金先に送金されるようなことは起こりません。

仮に送金を任せていたとしても後日帳簿を付ける担当者が別の担当者であれば送金内容を確認するでしょう。また、仮に帳簿作成者と送金者が同じだったとしても、帳簿を上席者がチェックすれば事後的とは言え問題が発覚することになります。

ニュースになるのは、長期間にわたって担当者任せ、上司がノーチェックという状態が継続していたために累積金額が多額になってしまったようなケースです。このようなときは、横領額が億の単位になるということも珍しくありません。

第三者の目を入れることで牽制機能が働くことになる

内部でのチェック体制を適切に敷くことができない場合に、BPOを活用し

て、BPOベンダーが上司や担当者の役割の一部を担うことで内部牽制をはかるようにしているケースもあります。

送金データを作成するのがBPOベンダーであれば、少なくとも私的な口座に振込を行うためのデータをBPOベンダーが作成することはありません。仮に経理部門の担当者がそのような振込先を差し込んできたとしても、振込内容の確認をした際に、怪しい振込内容であると発覚する可能性は高いです。

また、記帳や帳簿チェックをBPOベンダーが行っているのであれば、振込内容を確認して勘定科目等を特定する際に、不正な取引であることが判明する可能性もあります。一度は送金がされてしまうかもしれませんが、数年にわたって累積的に金額が積み上がってくることはなくなります。

このように不正防止にBPOが一翼を担っていることもあるのです。

横領が行われるのは仕組みが悪い可能性が高いです

Before

粉飾の伝票が自分の知らないところで計上されても気付かないわ。

横領の事件はニュースで見るけど、うちの会社は大丈夫なのだろうか？

１人だけに支払業務や経理伝票の処理を任せているけど大丈夫だろうか…。

After

BPOベンダーの帳簿チェックが入ると、異常値は報告される仕組みなので、粉飾リスクは低下する傾向にあります。

支払データの作成や送金後の仕訳処理を外部に委託する方法で防げることも多いです。

経理の人員が少ない場合は、部分的にでも第三者を入れることで牽制が図れます。

ポイント

- １人だけに業務をさせているとブラックボックス化が進んで横領は容易に実施できる。
- 不正は複数人のチェックで防げることも多く、そのためにBPOを活用するケースもある。

Case 22

固定費の変動費化を図る

経費は取引量に応じて変動する方が納得感はあります。

最近は売上が減って、取引量も減ってきているので、経理の仕訳もかなり減っちゃっています。

それなら暇になっているのだろうけど、ほかにする仕事はないよね？
かといって給料を減らすわけにはいかないからねぇ。

それはそうですよ、労務費は固定費として考えもらわないと困りますよ。
仕事量が減ったからといって減額できるものじゃありませんからね。

もちろん、そんなつもりはありませんが、一般論として仕事が減って売上が下がった場合にコストが減らないというのを何とか変えるようにしないといけないなぁって思いまして。

人件費は固定費としての性格が強いですよね。

それを変動費的にするためにどうしたらよいのかを考えてみましょう。

先が見えない時代に固定費を減らして機動性を持たせる

企業の業績は、各社の力量に応じて変化するものですが、新型コロナウイルス感染症の流行、米中対立、ロシアのウクライナ侵攻、インフレーション等、外部環境による影響を受け、年度ごと大きく変動することもあります。

業績が良い時はコストについては、それほどシビアに考えることは少なくても、業績が悪い時はとかくコストに目が向かいます。

利益をねん出するためにどうコストを絞るかということに頭を悩ませた経験のある経理部門の方も多いと思います。

この際に、人件費に目が向けられることもあります。ただ、人件費は社員の１人１人の生活を支える重要な糧なので簡単に削減できるものではないですよね。

削減できたとしても賞与の支給額が減らすことくらいで、一律月給を下げることはよほどのことがない限りできません。

新型コロナウイルスの影響で業績が急速に悪化した場合でも月給に関しては役員や管理職といったクラスで下げた会社はありましたが、一般の従業員まで引き下げた会社は少なかったと思われます。

経理業務の工数は景気に応じて増減する傾向あり

経理業務の工数に関して考えると、業績が良い時は、作業ボリュームが増えることが多いです。

例えば、請求書の発行枚数が増えることや入力する仕訳の処理件数、経費の申請の増加による確認や支払処理件数の増加などが考えられます。

この場合、自社で経理処理をしている場合は、作業する社員の労働時間も増加傾向にあり、増加分は残業代や賞与の増額等で対応することとなり人件費の増加が見込まれますが、業績が良いので増加コストを吸収する余裕はあるでしょう。

これに対して、業績が悪い時はどうでしょうか。

上記例示のように仕事量が減るので、時間を持て余すことがあり得ます。

ただ、人件費に関していうと実施事項が少ないからと言って月額の給料をカットするわけにはいきません。そのため人件費が基本的に固定費に分類されているように、**人件費については業績が悪くても一定金額は発生す**ることになります。

つまり業績の良くないときもコストを引き下げることは基本的にはできないのです。

固定費を変動費化することで景気に左右されない強い組織になる

BPOを活用する背景として、このような固定費的な要素が強いバックオフィス系のコストを変動費化できるという点に着目されているということがあります。

BPOにかかるコストは基本的には、取引のボリューム等に応じて変動します。

例えば、経理伝票の入力ということであれば入力レコードの数が価格の変動要素となります。そのため、業績が好調で入力ボリュームが多い場合はコストがそれに応じて増加しますが、業績不振で入力ボリュームが少ない場合はその分コストは減ります。

このように**BPOのコストは変動費的な動きをするので、業績の変動に応じてコスト抑制をすることが可能**となります。

本当に景況感が悪くてさらなるコスト削減が必要となった場合に、BPOしている業務を社内で実施することができるのであればBPOにかかるコスト自体も削減が可能です。

コストコントロールできる状態にしておくことは重要

Before

固定費は当然景気が悪くても減らせないわよね。

不況の影響で取引ボリュームも減っているのに人件費は減らすことはできないしなぁ。

固定費を変動費化させることができれば景気に左右されなくなるのになぁ。

After

経理業務は景気に応じて取引ボリュームが異なり処理量も増減します。

BPOでかかるコストは取引ボリュームによって変動するので変動費化することになります。

BPOコストを支払うことも厳しければ、内製化に戻すことで、外部への支払いが削減可能となります。

ポイント

・BPOを活用するとボリュームに応じてコストが変動するので固定費化されない。
・変動費化することでコストコントロールが可能になってくる。

Case 23

文書化やマニュアル化も進めるきっかけに

業務を整理する過程で文書化等を進めることで可視化が可能になります。

ビーポさんからのアドバイスでジョブローテーションをしようと思っているのですが、しのびさんの業務についてマニュアルを使って、翼さんに引き継いでもらえるかな。

マニュアルなんて作っていませんよ。

そうなのですか。引継ぎは今までどのように行っていたのですか？

私がおっとり部長から引継ぎを受けたときからマニュアルはありませんでしたよ。

それを言われるときついなぁ。

おっとり部長、これ以上お互い話をすると険悪になりそうなので、前向きな話をしましょう。
マニュアルを作っていなくて困っているということを認識して、一緒に作っていきましょう。

キャサリンさんがいてくれて、助かりました。
そうですね、未来のために前向きに仕事に取り組みましょう！

文書化が大切なのはわかっているのですが…

経理部門が安定稼働している会社では文書化やマニュアル化が進められています。

文書化やマニュアル化が適切に実施されている会社の場合、

「担当者が急な休みや退職などの事態になっても柔軟に切り替えが可能」

「新たな担当者が担当してもスムーズに業務が可能」

「品質が担保されやすく上司がチェックで使う時間が少なくて他の業務に注力できる」

等々、**経理業務が安定的に稼働するために大きく貢献**します。

反対に、文書化等が進んでいない会社の場合、人に仕事がついてしまっているケースが多いです。

例えば、業務の方法を引継ぎに際して聞いてみても、目の前で作業を実演して教えるといったやり方で引継ぎが行われます。

このようなやり方だと、その場ではわかったようにはなりますが、後で同じ作業をするときに記憶に頼るしかありません。

せいぜい、実演の都度、自分で作業工程をメモにしたり、あるいはパソコンの操作画面を記録しておくといったことが引継ぎする側でできることでしょう。

しかし、経験がある方ならお分かりかと思いますが、何の準備もされていない状態でヒアリングして、そこで書いたメモを後で読み返して再現することは難易度が高いですし、メモを整理して後日のためにきちんと文書化するといった行為は時間がかなりかかるものです。パソコンの操作記録を見る場合でも早送りしてもそれなりの時間がかかりますよね。

認識しておかなければならないのは、このような急な引継ぎ等でスムーズに引継ぎを受けられる人というのは非常に仕事の能力の高い方に限られているという現実です。

この本を手に取って読んでいる方は、日ごろから経理業務の課題感等を持っていらっしゃる方が多いと思いますので、能力の高い方が多いと推察します。

そのため、厳しい状況下での引き継ぎも可能でしょうが、周りの経理の担当者はいかがでしょうか？

恐らく、文書化されたものがないと引継ぎそのものができない、あるいは引継ぎはしたものの適切に引継ぎしきれず、結果として品質が劣化したり、作業時間が当初の担当者よりも多くかかってしまうということになってしまうのではないでしょうか。

BPOを活用すると文書化が自然と進むことになる

BPOを導入することで副次的に得られる効果として、業務の文書化等が進むということが挙げられます。

BPOする以上は一定程度標準化された状態でなければ、BPOを受けたBPOベンダーが作業をするにしても膨大な時間がかかってしまい、コスト効果が出ない場合が多いです。

そうならないためにも、委託に当たって業務を文書化してスムーズな引継ぎができるように準備をするのです。

そのためBPO導入に合わせて文書化やマニュアル化が進む事例が多いのです。

ただ、そもそも現在忙しすぎるのでBPOをするというケースも多いです。

その場合は、文書化やマニュアル化などしている時間はないし、それをするくらいなら自分で作業をした方がよいと考えるのが自然ですよね。

それでも、未来志向がある方が、経理部門内にいる場合は、文書化の重要性は理解していて、誰が行うかは別として文書化やマニュアル化を進めようと考えるのです。

このような場合に、社内の経理部門の担当者が多忙を極めている場合は、BPOベンダーに文書化等の支援をしてもらうという方法があります。

この場合、

パターン①　単純に文書化のみをお願いする

パターン②　文書化が完了したら一部の業務をBPOする

というように文書化とセットで業務をBPOするというパターンもあります。

BPOは変動費的に使い分けることができるということを**Case 22**で触れましたが、上記のパターン②のように仮に一度BPOをしたとしても文書化がされた状態となっていれば、業績が悪くてとてもBPOを継続することができないという状態になったとしても社内のリソースを使えるのであれば文書をもとに業務を受け入れて、内製化することが可能となります。

文書化がされていないと簡単に受け入れることができないことも文書化された状態ならば切り替えも可能なのです。

文書化は先送りしてはならないことなのです！

Before

他に代替する人がいないので体調が悪くても気軽に休むこともできない。

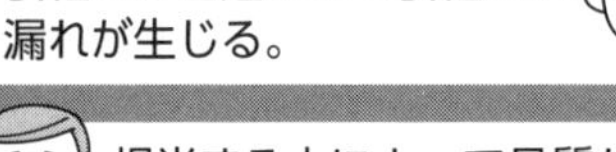

引継ぎが口述なので引継ぎに漏れが生じる。

担当する人によって品質がまちまちなので上司のチェックの負担が大きい。

After

担当者の急な休みにも対応可能

担当切り替え時もスムーズに業務移管可能

品質が一定化して、上司のチェック負担も低減

BPO活用パターン
① 文書化依頼
② 文書化後の業務依頼

ポイント

- BPO導入で業務を標準化する流れの中で文書化が進む。
- 文書化が進むと将来BPOから内製化に変更する場合でも切り替えがスムーズ。

Case 24

採用・教育からの解放

内部コストだから気付かないけど、採用や教育には費用がかかっているのです。

来月から新しい派遣の人が来ると聞きましたけど、前の人は3ヶ月で契約終了してしまったし、またゼロから教えてすぐに辞められたら本当に時間が無駄に感じますよ。

すまないねぇ。
でも正社員を採ったこともあるけど、同じように短期間で辞めちゃったし、かといって人がいないとしのびさんが大変だろうから、今回は長くいると思って教えてあげてくれるかな。

同じことを何度も教えて、なんだかとっても効率が悪く感じますよ。

派遣の人の入れ替わりが多いようで大変ですね。

最近は私も面接に入っているのですが、結構面接の時間も多いのですよ。

採用するとなると、面接の時間もそうですけど、入社後の教育の時間も結構多いですよね。

はい、その通りです。だから入れ替わりが多いと負担が大きくて困っているんです…。

採用に係るコストは一本調子で増加中

「採用するのが難しい」

「採用したけどすぐに辞めってしまって困った」

「履歴書と実力が異なっており、採用したけどレベルが低すぎて採用した意味がなかった」

こんな経験をされた方は、いらっしゃるのではないでしょうか。

採用をすることの大変さは、第１章でも触れました。

厚生労働省の統計によると新規大卒就職者が３年以内に離職している割合は３割強となっているとのことです。そのため、採用してすぐやめてしまうということはそれほど珍しいことではなくなってしまっており、ある程度想定をしなければならないことです。

「人材の流動化が日本は少ないので、より成長産業に人が行くべき」とか、「産業の活性化のために、もっと流動化がされてもいい」という議論も一方ではありますが、経理部門に関していえば、安定かつ継続して業務が遂行されていくべき部門なので、あまり人材が流動化されても困るというのが本音ではないでしょうか。

そもそも採用をするとなると、労働力人口が減少している時代においてはタダで採用できるということはゼロと考えるべきでしょう。

ハローワークに掲載して、採用することができるのであれば、広告宣伝費はゼロで済むかもしれません。それでも、応募があった場合は、社内の人が採用に向けて動く必要があります。

・応募書類を見せ、選考をする。

・選考後に面接を設定する。

・面接は人事部門、採用部門が行うのでその分の時間を確保する必要がある。
・会社によっては社長や役員等も面接に参加するので同様に時間を確保する。

このようにたとえ**1名でも、採用するためには会社の人に協力してもらうことになるので、様々な内部コストがかかる**ことになります。

内部コストはあまり目に見えないため直視しない経営者もいるかもしれませんが、１人採用するのに数十万円程度の内部コストがかかっていると考えるべきでしょう。

先ほどはハローワークに無料で掲載する場合が前提でしたが、最近は、多くの会社が有料の人材紹介会社を利用しています。

人材紹介会社は、端的に言うと、求職者を紹介して採用が決まったら手数料をもらう仲介会社です。

会社が欲しい人材像を人材紹介会社に伝えて、そこから紹介を受けて入社に至った場合は年収の30～40％程度の報酬を採用した企業から受け取ることになります。

人材不足であること、設備投資がほぼいらないこと、参入障壁が低いこと等も相まって人材紹介ビジネスは零細規模でも参入があり、数多の人材紹介会社があります。

数が多くなると競争原理が働いて、紹介料の料率が下がりそうなものですが、労働力人口の減少ということがあるのか紹介料の相場は値崩れしていないのが実感です。

有料人材紹介会社を使えば、先ほどの内部コストと違って外部コストも発生することになります。

そのようにコストをかけて採用した人材が短期的に辞めてしまうことが繰り返されてしまうと、採用コストは累積的に多額になっていってしまうのです。

教育係だってタダじゃないし、モチベーション維持は大変

採用が仮にうまくいったとして、次に待っているのは教育です。会社の求めた人材にピタリと合った人が入ってくれて入社当日から軽やかに業務を実施してくれれば良いですが、世の中そんなに甘くはないもので、一定期間のOJTは必要になります。

「マニュアルがあるから見ておいて、後はやっておいてね」

の一言で業務を進めてくれたらどんなに素晴らしいことでしょう。

普通はそうでないことの方が多いので、隣に座って指導したり、作業進捗の都度、質問や相談に応じたりすることが必要です。

最近はリモートでの勤務を前提としているケースもありますが、その場合でも基本的には教育が必要という点は同様です。

「動画があるから見て、やっておいてね」とはなかなかならず、チャットで連絡したり、オンラインミーティングで伝えたりと、とにかく一人前に育てるためには教育が必要となります。

教育にかけるコストも社内の人材で実施していることが多く、目に見えにくい内部コストです。

このような内部コストをかけて育成した社員がやっと一人前になって仕事を任せることができるようになった頃に辞めてしまうと、また募集から始めなければならないですよね。

BPOを導入する背景として、採用や教育に多額のコストをかけてきたにも

関わらず、結果として経理の永続性に貢献できていないということに気付いた会社が、導入を検討するケースもあります。

BPOベンダーに頼むことで、社内の人材が退職するということを前提で業務を組み立てなくても良いということが大きなメリットと考えているのです。

また、BPOベンダーに頼む業務が会社の経理部門にとってのノンコア業務であれば、それらを社内の人材に教育することの価値はあまり高くないと割り切れるということもあります。

BPOベンダーに依頼することで採用の負担から解放されることも大きいです。

採用に関しては、会社のコア業務に関する人材の採用に注力することができるようになることも会社にとって大きなメリットになるのです。

採用って大変ですか？お金もかかりますか？

採用できても退職

3 年で 3 割が辞めるという統計値もあり、空しいわね。

教育コスト忘れがち

採用後の教育にかかるコストも考えるべきですよね。

多くの人を動員

選考、面談とかなりの人に関わってもらっているので内部コストが高そう。

紹介料半端ない

人材紹介会社への支払いが年収の 30%以上もかかってる。

Check!　BPO 導入の効果

☑ 採用しても経理の永続性が確保できない場合の選択肢になる。

☑ コア業務以外を教育しなくてよいことのコスト効果は大きい。

ポイント

・採用するためのコストは、退職が続くと非常に高くつくことになる。

・採用した後の教育コストは目に見えにくいがかかっておりノンコア業務の教育だと会社への貢献は低いということで割り切るのも一つ。

Case 25

少々高くても繁忙期だけ活用するのもいいかも

　季節労働的な経理部門は繁忙期を乗り越える仕組みを考えてあげましょう。

月初は忙しいから人を採ってくださいよ、部長。

そうだなぁ、でも月中の業務はあまりなさそうだよねぇ。

確かに月初だけなので、その時期だけ終電まで頑張ればいいんですけど…。
でも、それが続くと辛いです。

むむむ。
しのびさんが過労になりすぎるのもよくないと思ってはいるのですが…。
経理部門の仕事は、月初に仕事が多過ぎますよね。

しのびさんの負担が多すぎで、しのびさんの気持ちが折れてしまっては大変ですね。
月初だけ外部にヘルプを頼むという選択肢もありますよ。

そういう方法もあるのですね！

季節労働である特性を意識した業務分担を考えよう

経理部門の仕事は、季節労働的といわれることもあります。

これは、１年を通して考えると繁忙期と閑散期がくっきり分かれていることが要因と考えます。

例えば３月決算の会社であれば４月から５月は決算業務で忙しいでしょうし、３月決算の上場企業であれば、四半期決算があるために、７月、10月、１月はそれぞれの四半期決算の締め作業の対応で忙しくなります。

また、償却資産や法定調書の業務を行っている場合は12月から１月にかけて業務が追加で発生します。

反対に決算や予算等のイベントがない月は比較的落ち着いていて残業もなく帰れるという人も多いかもしれません。

また、１ヶ月の期間の中でも繁閑はあります。

１ヶ月の中で忙しい時期としては、月末月初が該当することが多いです。

しのびさんも月初が忙しいとぼやいていましたね。

月末近くは、外部への支払業務の取りまとめや送金業務が一番多い時期になります。

また、月末に入金が集中するケースは多く、その場合は入金の消込のための作業が月末から月初にかけて集中します。

期末の残高確認や棚卸なども月末から月初にかけて行うことが多いので、ここでも業務のボリュームが増加します。

月次決算をスピーディーに行っている会社の場合、月初に売り上げ関係の締めを行った上で、売上伝票の登録をしたり、発生主義に基づいて前月の未払額を月初に計上したりするので、月初は会計の締め作業で繁忙となります。

これに対して、月末月初以外の月中は大きなイベントは少ないため、比較的落ち着いて仕事ができる時期となります。

各種プロジェクトを抱えている担当者や業務改善等を進めている担当者は月中の時間をうまく使って進めているケースが多いです。

経理部門は季節労働的と言いましたが、月末と月初の忙しさが半端ない会社も今までにいくつか見てきました。

例えば外資系企業の場合、日本の祝日は関係なく、暦日ベースで月次決算の締めを求める会社もあります。その場合、日本の多くの企業が業務を行っていないゴールデンウィークやお正月休みのシーズンでも暦日の３日までに資料を送付するようにリクエストが来るといったケースもあります。

こうなると周りが休んでいるのに、経理部門だけは仕事をしなければなりません。一時だけならまだしも、それが毎年続くとなると気持ちが続かなくなってしまって会社を辞めるというケースをたびたび見てきました。

日本の会社でも月末月初の業務量が多いと、毎月月末月初は毎日のように１週間以上終電近くまで仕事をせざるを得ないなんて言うケースもあります。季節労働的なことはわかってはいても、この先も状況が変わらないということで気持ちが切れてしまうこともあるでしょう。

平準化を図るためのBPO

このような状況に陥らないようにするために、経理部門内で業務のバランスを見て平準化を図っている会社もあります。

例えば、**毎月経理部内で担当業務を変更しているケース**を見たことがあります。**毎月業務が変わるので、今月は月末月初が忙しいけど、来月は月末月初は忙しくないので、気持ちの切り替えができる**のでしょう。

あるいは、**複数の担当者で同じ業務をシェアしながら極端に負担がいかないように調整をしているケース**もあります。

ただ、このケースの場合、理屈上はみんなで仕事を分け合うので理想的のように見えますが、実態は一部の人が一生懸命やっているけど、残りの担当者はそれほど一生懸命業務に取り組んでいないので内部で不満がたまるというケースもあります。そのため、業務のボリュームを均等に分けるようにして平等感を出そうとすることもありますが、これも仕事の能力とスピードがあるボリュームをこなさせない分を仕事ができる人に再配分することとなり、場合によっては内部での不平等感を生んでしまうことにもなっています。

繁忙期をうまく乗り切るために、BPOを活用しているケースもあります。

具体的には、**経理部門が忙しい月末月初だけ、BPOベンダーに業務を手伝ってもらうという手法で乗り切るケース**です。

例えば、支払処理が月末に多いのであれば、その分の業務をBPOすることで、結果として社内の担当者の月末の業務量を減らすことができます。同じように決算期が忙しいのであれば決算業務の一部をBPOして決算時期の過重労働を削減するように工夫するのです。

他にも**月初に実施する債権や債務の伝票の確認だけをBPOすることで、社内の経理部門の担当者の業務負担の軽減を図っているケース**もあります。

繁忙期の分だけを切り出してBPOをする分、業務を受ける側BPOベンダーとしてはその分人の手配をする必要が生じます。そのため、スポット対応ということでややBPOの委託コストが高くなる傾向にあります。

それでも、委託する側としては、**追加で１名採用をするコストよりも安いのであれば、現在業務を実施してくれている経理部門の担当者の気持ちが切れることがなくなるメリットの大きさを考慮してBPOを導入することも多い**です。

繁忙期とはいえ忙しすぎると耐えられないかも

季節労働的であること理解しつつ平準化

月末月初の繁忙期の業務の山をBPOを活用することで崩して、負担の軽減ができます。

上場していると四半期ごとに決算の繁忙期が来るので、活用している企業は多いです。

少々コスト高でも、社内のメンバーの負担を減らして離職を防止できるのであれば安いと考えている会社が導入しています。

ポイント

・忙しさを平準化させるために業務の一部を切り出すという視点をもってみる。
・経理部門の担当者の残業時間削減に寄与して、退職防止にも寄与する。

Case 26

BPOを活用したスキルアップ

スキルは低下することはなく、より高度な視点で業務が可能となります。

BPOって導入したら、仕事を取られて自分の成長がなくなりそうなのが気になります。

確かに、自分の仕事が取られてなくなってしまうと思ってしまって、BPOに前向きになれない方がいるのも事実です。

自分がリストラの対象になったのではないのかと思う方もいるのかなと感じます。

仕事を取られてしまうと考える人が多いですが、実は様々な成長できる可能性があるのですよ。

成長できる可能性があるって、どういうことですか？

BPOの導入に伴って業務改善能力が向上するなど、様々なスキルアップをすることで、成長することも可能なのですよ。

前向きに捉えないといけないですね。

経理をBPOしたら経理のスキルが低下する懸念はあるか

経理業務をBPOした場合、経理部門の担当者の立場で考えると、「外部に経理業務を出すことで自分たちの経理レベルが下がるのではないか」と懸念される方もいると思います。

実際、BPOの相談や提案は経理部門からあがってくるのではなく、経営陣や経営企画など経理部門以外から打診があります。そのため経理部門の担当者からすると懸念もあるのも事実でしょう。

実際に経理をBPOした会社の経理部門の担当者の方々のスキルは下がっているかというと、現場を見ている立場からすると、決してそのようなことはありません。むしろ業務の範囲が広がって、レベルアップしている担当者が多いというのが実感です。

では、BPOを通じてどのようなスキルアップが期待できるのか見ていきましょう。

業務の標準化によって得られる効能

経理のBPOが導入される場合、今までであれば社内の担当者間で“あうんの呼吸”でできていた業務が、外部とのやりとりが生じることで一定のルールを設定する必要が生じてきます。

そのため一般的に**BPOを導入する際は、まず業務のルールを決めることや、書類のひな型を統一するといった標準化を図ることが多い**です。

業務が標準化されてBPOが軌道に乗ってくると、**既存の経理部門の担当者は、今まで時間をとられていた単純業務から解放されることになり、よりレベルの高い業務に時間を費やすことが可能**になります。そうなると確実に高いスキルを求められるようになるので、自ずとスキルアップが図れるのです。

業務改善力が求められる

Case16で記載したように、世界における日本の時間当たり生産性の低さはかねてから指摘されており、働き方改革の中で生産性の向上は喫緊の課題です。経理部門だからといって生産性を無視することはできない時代となっており、経理業務をいかに効率的にしていくかということは、企業規模にかかわらず求められるタスクの一つです。

具体的に、生産性向上のために経理の担当者には次のようなスキルが求められてきます。

■システムをいかに効率的に使いこなすか

せっかく導入しているシステムでも使い方を間違えると非常にムダな作業をしているケースがあります。マスタの設定を最適にすることで、会社が求める必要な数値が集計されますので、ゴールをイメージしてマスタ設定する能力が求められます。

■RPAの活用を提案する

作業効率を上げるために、RPA（ロボティック・プロセス・オートメーション）を活用している企業も増えてきています。経理業務の中でも単純作業などは業務を整理してRPAツールを使って処理することで、人の作業を大幅に減らすことが可能です。そのためのアイデアや、業務の流れをRPAが活用できるように変更するための知恵が求められます。

■複数人で対応する仕組み作り

経理業務の属人化を避けるために、同じ業務を複数人で実施できるように部内のマネジメントを適切に実施することも重要な課題です。複数人で対応することで、急な休みへの対応も可能となりますし、他の担当者と同じ作業をすることでお互いに作業効率をあげるために建設的な意見を出し合うといった副次的な効果も出てきます。

■決算早期化にはスピードだけではなく正確性も求められる

上場している会社であれば市場からの求めで、あるいは未上場の会社であったとしても経営陣からの求めで要求されることに、決算業務の早期化があります。決算の早期化は、年度末の決算に限らず、月次決算のレベルでも求められることが多いです。経理業務の場合、時間がないからといって雑に仕上げることは許容されず、正確性を保ちながら早く仕上げることが必要なので、いかに正確に行うかという視点も必要です。

ですから転記作業を減らすことでミスを減らしたり、Excelファイルを使って業務を行っているとしてもなるべくファイルの数を減らし、できるだけ二重入力をなくすといった工夫も早期化と正確性の両方の実現に寄与することになります。

このように今の**経理部門の担当者には、業務改善というスキルが求められています**。そして経理業務をBPOする場合でも、改善の提案ができる担当者であれば、**業務の効率化を通じてBPO自体を成功に導くことができるので、部内はもちろん社内での存在価値は高まります**。

チェックと最終判断によるスキル向上

経理業務をBPOした場合、作業はBPOベンダーが行ってくれますが、内容の確認をするのは委託側の企業になります。

例えば月次決算であれば、BPOベンダーが入力を完了した試算表をチェックして問題がないかどうかを確認する必要があります。貸借対照表の残高の内容は妥当か、損益計算書には適切な数字が計上されているかといったことを検証する必要があります。

BPOがスタートしたのちには、会社によっては管理職以上の方が行っているようなチェック業務を、今まで作業が中心だった担当者が関与することもあります。そうなると、**今までよりも広い視野で貸借対照表や損益計算書を見る必要**が出てきます。

例えば、今までは売掛金の残高が販売管理の台帳と合っているかどうかしかチェックしていなかった担当者が、残高に滞留しているものがないのかどうかを確認したり、早期に回収するために営業部門に滞留状況を速やかに伝えるといったことに時間をかけるようになった好事例を多く見てきました。

さらに、BPOを導入し、**経理のコア業務に経理担当者が関与できるようになると、より高いレベルの最終判断を行うことでスキルアップ**が図られることもあります。

具体的には、決算時において減損の判定や税効果の回収可能性といった、今までであれば上司が行っていたような判断業務の一次担当を実際に行うチャンスも生じてきます。

これまで単純業務をしていた担当者からするとややハードルが上がるように感じるかもしれませんが、それらの業務も知識を吸収さえしてしまえば実施は可能なので、BPOすることで今よりも付加価値の高い業務に関与する機会に恵まれるのです。

BPOを活用して求められる人材になるチャンス

スキルをワンランクレベルアップ！

業務改善の企画力と実行力を磨くことができるようになり、生産性が向上すれば給料アップにもつながります。

成果物のチェックをする機会も増えて、俯瞰的に業務をチェックする能力が養えるのと、そのための幅広い知識を習得する機会も増えます。

今まで上司が担当して、自分が担当できなかった業務も担当できるチャンスが到来します。

- BPOを導入すると、経理の担当者はスキルアップが可能になる。
- 業務範囲が広範になり、俯瞰的に業務に関与することが可能となる。

Case 27

BPOで始めるDX（デジタルトランスフォーメーション）

　BPOとDXは親和性があるので、同時に進めることも可能です。

社長がこれからはDXだって言ってるのですが、実際に何をしたらいいのですか？

右から左に聞き流したいけど、確かに最近周りでもよく聞くからねぇ。

キャサリンさん、何かアドバイスを頂けないでしょうか。

経理関係は様々なシステムが提供されているので、まずは情報収集して会社に適合するサービスを検討するのがいいと思いますよ。

社内で進めるといっても、DXに詳しい人はいるだろうか…。

社内で進めて、進みが悪い場合はBPOを活用しながら進めるという方法もありますよ。

BPOでどうしてDXが進むのか

DX自体は、BPOを実施しなくとも自社で独自に進めることが可能です。そういう観点からいうとDXはBPOをしなくても実践は可能です。

ただ、BPOを導入しようとする場面で、以前であれば現在の業務フローのまま進めようとしていた企業が、昨今は同時にDXを進めるケースが増えているのです。

BPOを導入する場合に、誰でもできる仕組みが作られることが副次的な効果として挙げられます。そのためには、社内の人が実施している方法を外部の人であるBPOベンダーができる仕組みに変える必要があります。

社内の人が対応していると業務自体が属人化されやすいですが、BPOをするとなると業務の流れを標準化することが重要となります。逆に標準化がされない状態でBPOを実施しても思った以上にBPOの効果が出てこないことになってしまいます。

クラウドシステムの導入で業務範囲が広がる

以前はBPOをするというと、委託側の認識として現地に人を送り込んでもらうことを前提と考え、その上で相談を受けるケースが多かったです。

会社に常駐していないと経理システム等にアクセスすることができないので、会社に来てもらうことを前提に依頼がされていたというのが要因のひとつでした。

ただ、現地に人を派遣する形式の場合、BPOベンダーも必ずしも人を送り込むことができず、結果として業務を受けることが難しいということでお断りしてしまうということもあります。

そこで、BPOの検討をする際に、あわせて経理システムをクラウド型のものに切り替えて、現地訪問を前提としないオフサイト型のBPOの導入をするケースも増えてきています。

昨今はクラウド型の会計システム等がリーズナブルな値段で提供されていることやデータの移行がスムーズに実施できること、スイッチングコストが低くなっていることも導入が増加している要因の一つとして挙げられます。

タスク管理の共有もクラウド上で実施

経理業務では、タスクがスケジュール通りに進捗しているかを管理することは重要です。特に外部との関係で期限がある業務では、期日までに業務が完了していないと信頼関係を失うことにもなりかねません。

例えば、期日までに支払処理を完了させる、期日までに子会社の決算を完了させて親会社の連結決算のスケジュールに支障が出ないようにする、納税を期限に完了させるといったように１日でも遅れるとペナルティ含めて影響が出るタスクが多いです。

そのため、タスク管理をどのようにしていくのかということも課題の一つになりますが、以前はExcelでタスクリストを作って、押印しながら進捗管理をしていった企業も多いと思いますが、この領域でも最近はインターネット上でタスク管理ができるシステムがリリースされています。このようなシステムを使えば、**リモートワークをしているメンバーがいてもオンライン上で業務の進捗確認**ができます。

タスクが可視化されることで業務の漏れがなくなるので、経理部門の課題の一つである業務の進捗管理に貢献しているといえます。

DX化ではベンダーロックインにも要注意

経理のDX化で全てがバラ色になるわけではありません。

システムの選定で間違えれば、改めてシステムを選び直す必要があります。当然、導入コストは二重にかかりますし、設定のための時間も余分にかかることになります。

クラウド型のシステムの話をしましたが、最近では基幹の会計システムのほか、経費精算システム、人事管理システム等多くのクラウドシステムがリリースされています。

システム変更時のスイッチングコストは下がってきているとは言いましたが、一度選定するとなかなか他社製品に切り替えるのは面倒だし、困難という面もあります。

例えば、経費精算システムを導入し、電子帳簿保存法対応をはかった場合、少なくとも７年間はデータの保管が必要になります。仮に、他社製品に切り替えるとなると新しいシステムを利用しつつ、過去の保存データは切り替え前のシステムで７年間保管が必要になるケースが多いのでコストがダブルでかかる（閲覧だけのために廉価で設定されているケースもありますが。）ことになります。

そのため、**システムの切り替えを他製品に行うことが困難になる、いわゆるベンダーロックイン状態になってしまう可能性もある**のです。

また、クラウドシステムの場合、導入時のコストがそれほどかからない分、軽い気持ちで導入に踏み切ることもあるかもしれませんが、将来切り替えが可能か、可能な場合でもどの程度のコストがかかるのかといったことを導入前に検討することも重要です。

さらに、**利用料金も社員数等で課金が行われる場合は、企業が成長し、人数が増加していった場合は、当然課金額が増える**ことになります。

増加した分、社員全員が利用しているのであれば特に違和感はないかもしれませんが、仮に経費精算のようなシステムで、経費をたまにしか利用しないような社員が多数いる場合は、毎月ほとんど利用をしないにも関わらず人数分の課金がされることが妥当なのか点も検討が必要です。

ベンダーロックインの状態にならないこと、課金されるコストが妥当なのかという点は、DX化を進める際に必ず考えておくべきポイントです。

- BPO導入とDXは親和性が高い。
- クラウドシステムでベンダーロックインにならないために、選定時は多面的に考える。

3 BPOの現場

実際のBPOの現場をのぞいてみましょう。
自社との共通点や課題が見えてくるかもしれません。

Case 28

いざBPOベンダーを選定するとなったら何をすべきか

BPOベンダー選定時に最低限準備しておくべきことについて見ていきます。

BPOを実施してみようって話になってきたのですけど、何かすることってあるのでしょうか？

そうだな、いざとなると何をすべきかわからないから、ビーポさんに聞いてみることにするか。

ついに検討段階に入ってきたのですね。
それではまず最低限準備しておくべきことについて話しますね。

お願いいたします！

いくつかのBPOベンダーに話を聞くことになると思いますが、前提条件を整えておくと聞きやすいと思います。

前提条件ですか？

はい。
例えば、執務をしてもらう場所に関して、来社してもらう前提か、特に場所はどこでもよいのかなどといったことです。

BPOベンダーを選定する時に準備すべきことは何か

経理業務のBPOを検討している会社が最近増えてきていますが、サービスを提供してもらうBPOベンダーを選定するに当たって、留意しておくべき点について解説します。

まずは経理のBPOを検討し始めた段階で準備すべき点について見ていきましょう。

そもそも何のための経理のBPOなのか

BPOするときに重要なのは、何を目的として経理業務をBPOするのかということの共通認識を持つことです。

BPO導入を考えるきっかけとして多く聞くのは、

「経理部員が退職することになり業務を継続させるために必要」

「上層部からコストダウンをするように言われた」

「事業の拡大ペースが速くて間接部門の業務が回っていない」

「もっと付加価値の高い業務を経理部門で行って欲しいと経営陣に言われる」

「親会社からの要求水準が高いが、子会社での業務レベルが追い付かない」

といったことです。

これらのことがきっかけとなりBPOの検討を始める会社が多いですが、BPOの目的が何かをきちんと決めておくことがまずはスタート時点としては重要です。

「退職等に左右されず業務を安定させる」

「コスト削減を図る」

「ルーティーン業務を外部に出して時間を生み出す」
「一定程度品質の高いサービスをうけて経理レベルを維持・向上させる」
といったことが目的になるケースが多いようです。

大切なのはここで決めた**目的に沿ってBPOベンダーを探すという視点**です。

コスト削減が第一命題であれば、海外のオフショア等に拠点があるベンダーの方が目的を達成できる可能性が高くなるでしょうし、品質に重きを置くのであれば、一定のスキルを持ったベンダーやチェック体制がしっかりしている組織の方が、品質レベルが高いことが想定されます。

業務遂行のスタイルはオンサイト型かオフサイト型か

次に、業務の遂行のスタイルをどのようにしたいのかということで選ぶベンダーも異なってきます。

会社に来てもらって机で作業をしてもらう、いわゆるオンサイト型が一つの形態です。オンサイト型の良さは、同じ職場内にいるので指示を気軽に出せることかと思いますが、最近のようにリモートワークが多くなってくるとBPOベンダーだけオンサイト型で作業をしてもらうと遂行しにくい面も出てきます。

もう一つのスタイルはオフサイト型で業務を遂行する方法で、基本的にBPOベンダーは現地に赴かずにBPOベンダーの拠点から遠隔で作業を進める形態です。

クラウド型の経理システムを入れている場合は、遠隔での作業もスムーズに行うことができますので、オフサイト型で進めるに当たってはクラウド型のシステムを導入する検討も重要な肝となります。

実際、クラウド型の経費精算ソフトを導入することで、経費精算業務をBPO

している会社も増えてきています。

また、最近では、BPOベンダーがリモートワークで業務を進めているケースも増えてきています。

ただ、扱う情報が経理情報ということで機密性が高いこと、上場企業の情報を扱う場合はインサイダー情報に該当するということもあり、執務する場所でのセキュリティ体制を確認することも重要です。

例えば、自宅等でデータの抜き取りや印刷が可能な状態で業務を進めているとなると機密情報が漏洩するリスクは高くなりますので、そのような態勢となっていないかどうかについて確認することも重要です。

業務フローの変更への許容度はどうか

業務遂行のスタイルのイメージが決まった後に考えておくべき点として、**BPOをする場合に現状の業務フローから変更となることに許容があるかどうかという点**です。

どうしても今までのやり方を踏襲してもらわなければならないのか、あるいはBPOを機に業務フローを変更してもよいのかどうかです。

委託する側として、できるだけ現状の仕事のやり方を変えないでBPOをした方が、負担がないと考えるケースが一般的には多いです。

BPOベンダーには、現状の業務フローを尊重してくれて、大きな変更がないまま仕事を受けてくれる会社もあれば、逆に、基本的にBPOベンダーが決めたやり方でしか受けないという会社もあります。

そのあたりの柔軟性についてもBPOベンダーとの面談時の確認事項としてリストアップしておくことをお勧めします。

ただ、業務フローに関しては、現在のやり方が効率的であれば変えないまま進めることが望ましいですが、非効率な面あるかもしれませんし、BPOするのであればある程度標準化した流れにしていかないと委託ができないことも考えられます。そこで、BPOするのを機会に業務フローを見直してみるという視点も必要です。

ボリュームや工数を事前に把握しておくと話がスムーズ

このほか、事前の準備として行っておくとよいこととして、**BPOをしようと考えている業務のボリューム感を把握しておくこと**が挙げられます。

通常BPOベンダーがヒアリングをする際は、委託する予定の業務ボリューム等を確認します。これは、料金の設定がボリューム等に応じて変動するようになっているケースが多いので、それを把握するために確認が行われるのです。

正しい見積りや業務の受託の可否等を判断してもらうためにも、事前に委託する業務の取引件数や作業時間等を計測しておくことをお勧めします。

さぁ、BPOベンダー選定となったらまず考えること

■目的の設定 人的安定、コスト削減 時間の有効活用、付加価値業務へシフト　etc.	■業務遂行スタイル オンサイト　or　オフサイト 派遣　or　請負
■業務フロー 現状維持　or　業務フロー変更 システム変更なし　or　システム変更あり	■見積準備 業務ボリューム把握 作業工数、取引件数等の把握

ポイント

・ぶれない導入目的を確定させることが最も重要。
・業務スタイルや業務フローへの許容度も想定しておく。

Case 29

BPOする場合の委託範囲をどうするか

委託範囲を決定する際の委託元で考えるべきポイントは何でしょうか。

BPOを導入するとしたら、実際何を頼もうかしら？

メニュー表を見て頼む感じかな。

メニューはありますが、やはり自社にとって出すべきものかどうか、という視点は必要になるでしょうね。

自社で残す業務と外にアウトソーシングする業務を区分するという視点ということでしょうか？

はい、その通りです。

メニュー表を見てポンポンと頼むというわけにはいかなそうですね。

コア業務は会社に残すという視点

しのびさんもおっとり部長も、まだどの業務をBPOするのか決めていないようです。

「どのような業務をBPOしていったらいいのでしょうか？」

この質問は初めての面談でよく受ける質問です。

既にBPOを導入している企業の取組み方を見ていきましょう。

BPOをするきっかけの一つに、経理部門の担当者がより付加価値の高い業務に集中できるようにしたいということがあります。

経営陣は経理部門に対して、数字作りよりも作られた数字をもとにして、将来の意思決定に有益な提案等をしてもらうことに期待しています。

このような期待をされている部門ですので、**経理業務のうち会社に残して極めていくべきコア業務と、単純作業、繰り返し作業、付加価値が決して高くない作業といったノンコア業務に区分して、ノンコア業務をBPOしていく観点を持つことが重要**になってきます。

現に、ノンコア業務に区分されるものを抽出してBPOをしている会社が多くあります。

ノンコア業務を抽出する

ノンコア業務として抽出される業務としては、次のような業務が多いです。

● 入力業務：単純入力業務でかつては依頼が多かった業務の一つです。ただ、最近はクラウドシステムの提供ベンダーが、人間が入力しないで済むように銀行取引のAPI連携機能、スキャンした上でデータ化するAI-OCR機能等を充実させているので、手作業による入力業務はそもそも減る傾向にあります。

●経費精算業務：従業員の経費精算業務は単純かつ繰り返しが多い業務なので、会社にとってはノンコア業務という区分です。最近はクラウドシステムの提供ベンダーの経費精算システムがかなり普及してきて、証憑等の共有もクラウド上でできるため、BPOベンダーが経費精算システムにアクセスして内容のチェックを行うといった業務のスタイルが増えてきています。

●判断を要しない業務：上記以外にも支払業務、決算業務等のうち、判断を要しない業務、例えば支払データの作成や作成された支払データの内容チェック等をBPOしているケースがあります。

成長のためには必要なコストはかけるという視点

もう一つのパターンとしては、**企業の成長速度が速くてバックオフィスの業務が追い付かずにBPOを推し進めているパターン**があります。

新しいビジネスを定期的に起こしていて、その都度会社を設立しているケースや、企業買収を盛んに行っている会社などがこれに該当します。

新しい会社ごとに経理業務は必要な機能として人材を配置しなければならないのですが、バックオフィスの人材供給が追い付かずに、BPOを進める流れです。

このようなケースの場合は、コストよりも業務範囲を広くお願いできるかどうかという点に重きを置いていることが多いです。

成長して本業で儲けることができるので、かかるコストはかけてでもビジネスを推し進めたいというのが本音だからでしょう。

幅広に依頼をする場合は、業務範囲を明確に

コストが少々かかっても人を採用するよりもBPOをするという選択肢をとる会社の場合は、委託する業務範囲がより広くなる傾向が強いです。

もちろん判断業務までは依頼しないにしても、決算業務などはかなりの部分を依頼するというケースもあります。

決算業務は作業が多い上、期限がタイトなことが多いので、ある程度の部分をBPOすることでタイトな日程の中でも経理部門の担当者が時間的に余裕を持てるようするために、幅広に業務を委託するのです。

このような場合に、気を付ける点は、委託する業務範囲を委託時に明確にしておくべきということです。

例えば、決算業務を委託するとなった場合でもどこまでをBPOするのかを契約等で明確にしておく必要があります。

【決算業務の業務区分（例）】

業務内容会社が引き続き実施する事項BPOベンダーに委託する事項

業務内容	会社が引き続き実施する事項	BPOベンダーに委託する事項
BS、PL、内訳書作成	—	○
BS、PL、内訳書の内容確認	○	—
税効果計算	—	○
税効果回収可能性判断	○	—

決算書の作成や確認といった事項のほか、税効果計算であれば計算をするのは誰で、回収可能性を判断するのは誰なのかといったことを決めておく必要があります。いざ決算を締める段階になって、作業分担が明確でないために作業漏れが生じるといったことになってしまっては本末転倒なので、業務開始前にその点はきちんと決めておくのです。

システムの選定も事前に決定

そして、業務範囲を決めるのに合わせて、**どのようなシステムを使って業務を行うのかということは業務スタート前に決めておくべき事項の一つ**です。

委託する会社と情報を共有するために同じシステムを使うのかどうかということもこの段階で決めておく必要があります。最近の傾向として、クラウド型のシステムに切り替えるケースも増えてきています。

コストメリットを享受できるシステムが多く出ていることと、BPOベンダーとの情報共有が平易にできるというのが主な切り替えの理由と考えられます。

なお、BPOベンダー選考時に、BPOベンダーからシステムの提案を受ける場合もあり、良い提案であればその提案に沿ってシステムを決めるということもあるので、必ずしもBPOベンダーとの面談前にシステムを決定しておかなければならないということではありません。

BPO する業務範囲決定に際してのポイント

コア業を残して、ノンコア業務を委託する視点で！

ノンコア業務を抽出

コア業務はやはり部内で実施した方がいいわね。

入力業務

単純入力作業があれば対象にしやすいです。

経費精算業務

クラウドシステム導入に合わせて委託するケースが多いです。

成長投資のコスト

バックオフィス人材が追い付かないけど企業の成長は止められないわね。

ポイント

- 業務範囲や利用システムを明確にしておくことは必要。
- ノンコア業務をまずは選定するのが王道。

Case 30

ダイバーシティ、女性活躍が持続可能な社会へのヒントになる

リモートの活用や地方人材の活用という選択肢

今度介護休暇をとらせていただきたいのですが、その間仕事大丈夫でしょうか？

そうなの、困っちゃうなぁ。

ご迷惑おかけしますが、マニュアルもあるので、誰か人がいればできるとは思いますよ。

介護は大切だから、何とかしないといけないです。それにしても、仕事をどうするかな。
派遣会社に頼んですぐに人来てもらえるかなぁ…。

リモート対応できるようにしたと思うので、リモートでできる範囲で仕事をしてもらったらいかがでしょうか。

そうですね、リモートでできる業務範囲も広がっていますので、在宅勤務で仕事することはできると思います。

それは助かります。

介護や育児の休業への備えも必要な時代

日本は高齢化が世界で最も進んでいる国で、高齢化社会は社会問題の一つです。

2020年の時点では、総人口が約1億2500万人に対して、65歳以上の人口は、3600万人を超えています。総人口に占める割合が30％弱となっており、超高齢化社会といわれるゆえんでもあります。

そのような状況下で、介護をするために会社を退職せざるを得ないということになってしまうことも社会課題になってきています。

本当は仕事をしたいのに、会社を辞めざるを得ないというのは社会的な損失です。特に労働力人口が減少している現在の日本において、経済的損失は大きいと言えるでしょう。

介護休暇は育児介護休業法において認められており、国も介護の支援を法律で後押ししています。

もちろん法定の介護休暇の範囲で休暇日数が十分で、その間に会社の業務を他の担当者によって対応できれば、復帰までの一時的な対応のみということで済むかもしれませんが、日数が足りなければ会社を退職するということになってしまうでしょう。

解決策の一つとしてビーポさんが触れていましたが、リモートワークの活用があります。

介護をしているので、他の社員と同様の労働時間で業務を遂行してもらうことは難しいでしょうが、一日のうちにある程度仕事のために時間を確保できるのであれば、その時間を業務に充ててもらうのです。

会社に出社して仕事をしてもらうとなると会社への往復時間が必要となり、介護との両立は現実的ではないでしょう。

そこで、**出社をせずに自宅からリモートで仕事をしてもらうことで、出社のための時間が不要**となります。

業務のボリュームは減るかもしれませんが、新たに派遣会社から一時的に人を頼んで教えるよりも効率的な面もあるでしょう。

BPOを提供している会社でもリモートを活用して労働力を確保しているケースもありますが、人材の有効活用という点では、ほかにもあります。

まず１点目として女性が活躍していることが多いです。

デスクワークが主たる業務ということもあり、育児中の女性がリモートでも実施可能な業務も多く、男性と比べて遜色なく業務を遂行できることが要因の一つになっていると考えられます。

また、スケジュール管理を適切に行う、正確に数字を合わせていく、といったことを確実に実施することが得意な女性で管理職として活躍している人も多いようです。

国として女性の管理職を30％以上に引き上げる目標がありますが、BPOベンダーではすでに達成している会社もあります。

この点は、今後女性の管理職等を増やしていこうと考えている会社にとっては参考となる一つの事象といえるでしょう。そのような体制で運営しているBPOベンダーには、休職者が出る企業から相談するケースも増えています。

地方の活用で難局を乗り越える！

他にも障がい者の方をうまく活用している会社もあります。

業務を細分化して、そのうちの一部を障がい者の方に対応してもらうことで、労働力を確保しつつ、経理業務の持続可能性を担保するようにしています。

業務の分担ですが、例えば、障がい者の担当者に比較的平易な入力作業、あるいは判断業務を行ってもらい、障がい者の担当者が判断できない内容については、健常者の担当者に確認をしてもらう流れを作って、それぞれの業務の責任を切り分けているという具合に行っている会社があります。(健常者の方が、障がい者の方よりも能力が高いということではなく、業務の特性に着目して案件ごとに業務のすみわけしているので、例示として記載したのはそのうち一つの例示に過ぎません。障がい者の方が、経理の重要ポストで業務を遂行しているケースも多数あります。)

さらに地方の人材をリモートワークでうまく活用しているケースもあります。

本社がある場所（例えば東京などの都市部）で人を集めると人件費が高い、あるいは人を集めにくいという面もあるので、本社以外の地方などに住んでいる人材を活用することで活路を見出すという方法です。この場合も、リモートワークが可能な環境を整備することで本社の遠方に住んでいながらにして本社の業務に関与してもらうことが可能なのです。

こうしておくと、万が一震災等が発生したとしても、影響がない場所に社員がいれば業務を止めずに回し続けるという副次的な効果もあるのです。

多くの人が活躍できる社会、経理部を目指して

Before

介護や育児の休業をする人をサポートしたいけど、周りは大変よね。

女性活躍推進法はあるけど、まだまだ女性管理職は少ないのが実態だなぁ。

障がい者雇用はあまり進んでいない…。

After

リモートワークを取り入れることで、一部でも業務を遂行してもらう工夫をしているケースも増えています。

BPOサービスを提供している会社は、女性が活躍しているケースも多く参考にできるかも。

業務を細分化して、障がい者と健常者とで業務の分担を図ることも可能です。

ポイント

・リモートを活用することで労働力不足の解消が可能。

・女性や障がい者が活躍する職場作りを自社に適用することも検討。

Case 31
どうしたらタイムリーかつセキュアに情報伝達できるのか

　資料の受け渡しにストレージサービスを利用するのが便利です。

外部と資料のやり取りをする必要があるのですが、メールの量が多くて困っています。

メールだと宛先ミス等の心配もありますね。

メールの誤送信は本当に心配です。
先日も同姓の人に間違えてメールを送ってしまいました。

情報漏洩とかにはならなかったのですか？

送った先が外部の人ではなくて、社内の人だったので、すぐに削除してもらいましたので、社外には情報は漏れていません。
でも、すごく焦りました。

確かにメールは心配よね。
ストレージサービスを使うといいかもしれません。

キャサリンさん、ストレージサービスとやらを教えてください！

情報の受け渡しを方法は導入時の決め事の一つ

経理のBPOサービスの開始が決まると、資料の受け渡し方法は導入時の決め事の一つです。

以前は、経理部門と言えば請求書や領収書をはじめとして紙の書類が多い部門なので、BPOベンダーとしての受け取り方法は以下のいずれかが多かったです。

①　現地に行って作業を済ませてしまう

②　現地に書類を取りに行く

③　郵送で送ってもらう

①の方法は、オンサイト型で業務を進める場合であれば今でも実施されています。

②の方法は、経理業務自体は現地で行わないのですが、書類の整理を含めて現地に書類を取りに来てもらうパターンです。

ただし、遠方となると移動をしてもらうことになり、その分のコスト負担が生じることになるので、比較的コストがかかる方法となります。また、自社が経理部門を設置している事業所の近くに、多くのBPOベンダーがいない場合は、選択肢が少なくなり、そもそもBPOを実施することもできないことになってしまうかもしれません。そのため、②の方法は自ら選択肢を狭めてしまうことにもなり得ます。

③の方法は、多くの企業が実施している方法です。郵送で送るということで紛失リスクをゼロではありませんが、郵送物の追跡サービスを宅配サービス会社が提供してくれますので、受け渡しの認識のズレは少ないです。

紙自体の受け渡しはすぐにはなくならないでしょうが、徐々に上記の方法での受け渡しは減ってきています。

①や②の方法の場合、**現地への訪問が前提となるとお互いに時間の調整が必要**になります。働き方の自由度が増している昨今では、お互いに働く時間を気にせずに仕事ができることも重要です。リモートワークが中心となっている人にとっては、現地での資料の受け渡しには否定的でしょう。

また、③の方法でバイク便を使ったとしても資料到着まで数時間の時間を要しますし、宅配サービスを使う場合は、場所にもよりますが、到着まで1日～数日のタイムラグが生じることになります。

そこで、郵送以外として次の手段がとるようになっているケースが増えています。

④　メールやチャットで送付

⑤　ストレージサービスを使って送付

④のメールやチャットで資料を送る場合は、添付ファイルで送ることになりますが、もとの資料が紙の場合は送る側が資料をスキャンしてPDFファイルで送るケースが多いです。

量が少ない場合はカメラで写真を撮って、そのまま送るケースもありますが、これはあくまでもレアケースで、通常はPDFファイルや元のファイル形式がエクセル等であればそのファイル形式で送付しています。

メールやチャットで送ることで、資料到着までのタイムロスがほぼなくなりますので、決算早期化等に取り組んでいる会社の場合は、利用価値は高いです。さらに郵送と違って紛失リスクも低減します。

ただ、**紙の資料をスキャンする手間がかかるのと、全てがメール等で送れない場合に紙の資料の送付とメール添付の方法が混在する場合は、郵送とスキャンデータの送付が重複しないように整理が必要**となります。

原本のファイリングをBPOベンダーにお願いするケースであれば、急ぎスキャンデータを送った場合でも、後日紙資料を送ることになります。この場合、すでに送付済みのスキャンデータの資料と後日送った紙に資料が二重に仕訳登録されないように、すでにスキャンデータを送付済みであることを委託元とBPOベンダーとで認識できるように識別するルールを設定するといった工夫も必要です。

そのような二重管理をなくす観点から紙の資料を全てなくして完全ペーパーレスを図るという動きが近年見られます。ペーパーレスにする目的とそのためにかかるコストや効率性等を総合的に勘案して方向性を決めていくことは、今後の社会課題の一つでしょう。

誤送信はゼロにしたいけど人為的なミスは起こってしまう

メールやチャットで情報漏洩になるケースは、相手先を間違えることによって起こるメール等の誤送信です。苗字が同じ人に誤って情報を送付してしまうというケースは、ゼロにする努力はしていても起きてしまうものです。

経理の情報はインサイダー情報も多いので、メール送信時は指差し確認等を行って、誤送信は起こらないようにはしなければなりません。

⑤のストレージサービスを使って送付をする方法ですが、そもそも**ストレージサービスとは、インターネット上でファイル保管用のスペースにデータを保存することができるサービスのこと**です。

提供されているサービスとしては、

Google Drive、Box、Dropbox、OneDriveなど様々なITベンダーが提供をしています。

ストレージサービスのメリットは、ファイルを共有できることはもちろん、共同で作業することも可能なことです。

便利ではあるがストレージサービスでも情報漏洩リスクがあるので注意は必要

インターネットを使える環境であればどこからでもアクセスが可能なので、リモートワークをしながら経理業務を実施するということも可能となります。

メール添付との比較でも、メールの場合は、一度に送れる量が制限されていることや共同作業ができないという面からもストレージサービスの方が、利便性が高い面が多くあります。さらに、セキュリティ面でもメールの場合は、メール盗聴リスクもありますし、メールの添付ファイルからウィルス感染するケースも多くなっており、留意が必要です。

その点、ストレージサービスの場合は、サービス提供内容にもよりますが、強固なセキュリティ機能を提供している会社も多いのでその点もメリットいえるでしょう。

ただ、メールでは宛先間違えによる誤送信があると話しましたが、**ストレージサービスでは外部と情報共有ができる分、誤って関係者以外に共有をしてしまう危険性**もあります。実際、重要情報を意図しないまま関係者以外に一定期間共有をしたままとなって情報漏洩が起きてしまったという事故の発生も聞いたことはありますので、共有の設定には細心の注意が必要です。便利になった分、リスクも増えているという視点も必要です。

さらに、情報を受け取る側は、受信後速やかに提供された情報を利用して業務を遂行しなければスピード感をもって作業を進めることができません。**ストレージサービスによっては、情報共有された段階でメール等で通知が送信されるサービス**もあります。これらの機能をフル活用することでストレージサービスが活きてきますので、導入して終わりではないということは肝に銘じておきましょう。

このほかにも資料の共有に当たって、**クラウド型のワークフローシステム**

を導入して、システム上に経理資料を共有することでBPOベンダーに資料を提供するという方法を実践しているケースもあります。

これらの方法を実施することで、今まで紙で保管していた書類をクラウド上で保管するといった流れに切り替えることも可能で、電子帳簿保存法のスキャナ保存制度の活用する企業も増えてきています。

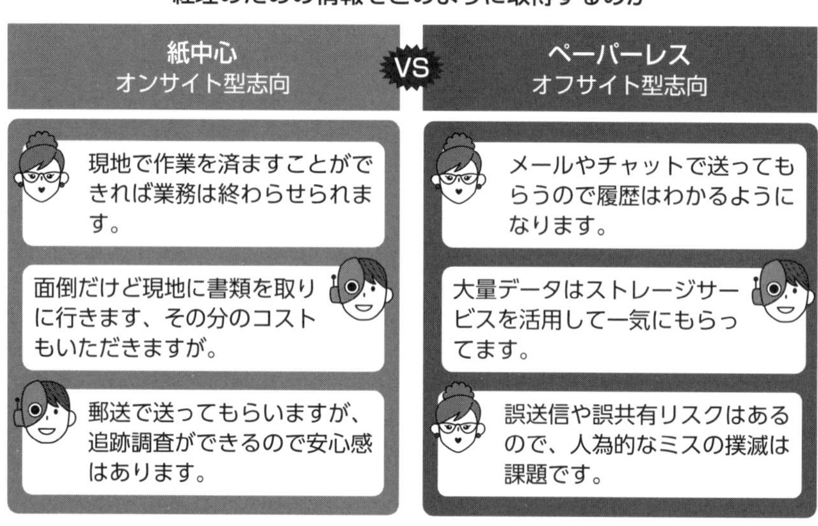

ポイント

- クラウド上でデータのやり取りでも情報漏洩リスクがあるので細心の注意が必要。
- 通知設定等をしていないと受信データが放置されるので、設定は重要。

4 BPO活用時の失敗や検討課題

転ばぬ先の杖として注意しておくべきことを知っておきましょう。

Case 32

BPO導入での失敗ケース①
丸投げによる失敗

　意思決定者が不明瞭であったり、丸投げするとたいてい失敗してしまいます。

～あるBPO導入の現場での会話～

ベンダーさん、業務委託の契約をするので後はお願いします。

詳細はこれから詰めたいと思いますが、近日現状ヒアリング等の打合せをお願い致します。

自分はよくわからないし忙しいから時間とれないなぁ。

導入の際は要望含めてきちんと確認をしながら進めたいと思いますので、お時間をとっていただけないでしょうか。

プロなんだから資料見て進めてもらえますか。

この案件、うまくいかない予感がするわ。
なんとか軌道修正して意思疎通を図らないと…。

どうしたら失敗しないでうまく軌道に乗せられるのか

BPO導入の意思決定権者からOKが出たので、さぁこれから導入スタート！という段階ですが、やや放置されてしまっているようで、この先うまく軌道にのるのか心配な会話ですね。

BPOの導入件数は確実に年々増加しているというマーケットリサーチ情報もあり、その点は筆者の感覚としても合っていると感じます。

BPOを導入して、全てうまくいったとなればハッピーエンドで良いのですが、実務の現場ではそうならないケースも少なからずあります。

ここからは、実際に経験したこと含めて失敗したケースをいくつか紹介します。

導入を検討している会社であれば今後の参考に、現在導入中の会社であれば必要な軌道修正の参考にしてみてください。

冒頭のBPO導入の現場での会話で、BPOベンダーからの打合せ依頼に対して、BPOの委託元の導入意思決定者が時間が取れずBPOベンダーの方で進めて欲しいとのコメントをしています。

実はこれに近い会話は筆者自身も過去の現場で経験したことはあります。

「そんなことあるわけないでしょう。」と思った方は、ごく一般的なビジネスセンスをお持ちですし、仮にBPOの導入をしようとした場合、うまくいく可能性があるでしょう。

ただ、実務の現場では類似の事象は多いです。そして、その場合、BPO自体の導入がされないまま話がとん挫するか、仮に導入してもうまくいかずに契約終了となってしまうということが多いです。

では、具体的にどのようなパターンがあるという次のようなパターンです。

パターン①　頼んだら勝手に仕上げてくれると考えて委託元があまり関与しない。

パターン②　現場の経理部門の担当者は、意思決定者から指示が来たから指示に従っているだけで、乗り気でない状態で窓口になっていたり、委託元の社内の意思疎通が悪い。

それぞれのパターンで内容と課題を見てみましょう。

丸投げ傾向が強いと失敗確率が上がる

あまり関与しないなんてことあるのかなと思った方いらっしゃるでしょうが、意外とあります。

状況としては、あまり経理部門の状態が良くない場合に起こりがちです。

主導する人自身が忙しいということもありますが、BPOベンダーが勝手に物事を進めてくれる、あるいは、進めるのが仕事でしょと思って、委託元が積極的に関与しないのです。

もちろん、BPOする業務の内容が確定していて、その分の作業マニュアル等が完備された状態で、指示通りに作業をして欲しいということであれば関与度合いが低くても問題はありません。

ただ、残念ながら作業マニュアル等が完備されているような会社の方が少ないです。さらにどの業務をBPOするのかということについても決まっていない場合が多いです。

このような状況下でベンダーへ丸投げしてしまった場合、まずは現状の作業フローのまま引継ぎをしようということになりますので、効率的な運用にならず、結果としてコスト効果が出てきません。

逆に成功に導くためにはどうしたらよいでしょうか。

少なくともBPOベンダーと新たな流れを構築していく社内の担当者を選定する必要があります。

選定される担当者は業務に詳しい人の方が望ましいですが、成功するケースでも必ずしも窓口に立つ方が**業務に精通しているとは限りません。業務に精通する担当者がいない場合でも、BPOベンダーと一緒に考えていく意思がある方が窓口に立てば十分に機能**します。

意思決定ができる方が、窓口に立つと話が早いです。なぜなら業務フローを変えるといった話が出たとしても、その場で意思決定が下されるのと、社内に持ち帰ってから意思決定まで時間がかかるのとでは大違いです。

ですから意思決定権者が窓口に立たない場合でも、**窓口に立つ方に一定程度の権限を委譲するようにすることも一つの方法**ではあります。

とにかく、BPOベンダーから良い提案を引き出すためには適切な担当者を選定することが重要です。

話が前に進まない傾向の現場もある

パターン②は上層部から「BPOをとにかく実施せよ」という指令が降りてきているのですが、現場の担当者の意識が低い場合などが挙げられます。

大企業の場合だと、経営企画部門がBPOの導入を経営陣と決めて、その方針を経理部門におろしてきて、あとは経理部門とBPOベンダーの間で話をして進めるように手配されるといったケースもあります。中小企業の場合だと、社長が指示をして、あとは現場の経理の方に実施するように伝えるといったケースです。

いずれのケースでも窓口になっている経理部門の担当者がBPO導入の意図を十分に理解していればいいのですが、上からの指示で仕方なく関わっているという状態の場合、うまくはいかない可能性をはらんでいます。

もしかしたら自分たちの仕事がなくなってリストラされるんじゃないかといった疑念を持つ人もいるかもしれません。

その場合、なるべく**BPO導入に関してネガティブな情報を収集したり、あるいはBPOベンダーに情報を提供しないといった行動に出るケース**もあります。

前向きでない状態での仕事ですから、結果として、BPOの導入まで時間がかかったり、あるいは導入までたどり着けないこともあります。

情報を提供してもらえないBPOベンダーとしては、一緒に仕事をするパートナーに相応しくないということで仕事自体を引き受けてもらえないかもしれません。

このようなパターンに陥らないためには、BPO導入検討の際に、社内の意思疎通をきちんと行うことが重要です。

関係者を集めて認識をすり合わせて、窓口担当になる担当者には説明しておく必要があります。特に**経理部門の担当者が窓口になる場合は、導入によって得られる効果や目的を理解してもらい、前向きに業務に当たってもらうことが成功させるための入口**となります。

協力体制がない状態…。丸投げは失敗のモト

・BPOする場合は、窓口担当者を設置する。
・目的や効果を共有して、社内の意思疎通を良くしておき、BPOベンダーとの齟齬をなくすことは大切な初めの一歩。

Case 33
BPO導入での失敗ケース②
目的を忘れて迷走

当初の目的を忘れて「何のためのBPOだったのか？」とならないようにしましょう。

BPOを導入したようですが、月次決算の速度は上がりましたか？

実はそうなっていないのです。

BPOがうまくいっていないのでしょうか？

うまくはいっているのですが、色々と細かい資料作りをBPOベンダーの方に依頼して対応してもらって、月次の締めの資料提出が遅くなっているから、月次はまだ遅いままなのです。

そもそも月次決算の早期化のためにBPO導入したのではありませんでしたか？

言われてみれば、そうでしたね。
ビーポさんに言われて導入当初のことを思い出しました。

何のためのBPOなのかということを忘れないこと

限られたリソースの中で業務を行っている場合に、外に切り出せる業務をどんどん切り出していくこと自体は良いことなのですが、気になるのは月次決算の早期化を図るためにBPOを導入したのに、そうなっていないと思われる点です。

BPOの導入をするに当たっては、各社が抱えている様々な課題解決の一つの手法としてBPO導入を決定するのが通常です。

そのため、その課題を解決するために、導入の目的を決めることになります。

導入の目的は会社によって様々ですが、昭和産業のように月次決算早期化も目的の一つになるでしょう。

それ以外にもコスト削減、経理部門の担当者のコア業へのシフト、バックオフィス部門の採用の抑制、労働時間の削減等さまざま考えられます。

どの会社も**導入時点ではその目的を明らかにして社内でも意思統一が図られているのですが、時間が経過すると当初の目的をすっかり忘れてしまうということも多い**です。

時間が経過するとともに、新たな課題が発生する等して、当初の目的以外のことにも目を向けなければならないこともあるので、当初の目的だけに縛られる必要は必ずしもありません。ただ、すっかり忘れてしまっているということ自体は問題でしょう。

ジョブローテーションが繰り返されているために、BPO導入当初の担当者が残っていないケースでは目的が伝承されていないこともあります。退職者が続いてしまっていて、**今いる担当者はそもそもなんでBPOを実施しているのか知らないということもままあります**。

迷ったときのために優先順位を決めておく

昭和産業では、細かい資料をいろいろ頼むようになったと言っていますが、そもそも不要なものも頼んでいるという可能性もあります。

決算早期化が目的であればまずは決算早期化を実現し、そのうえで詳細な管理等を行っていくのが正しい順番だったのかもしれません。

管理会計にこだわりが強い会社にありがちなのですが、部門別会計やプロジェクト別会計を突き詰めていくと、金額的インパクトが少ないものまで区分経理をするようになる傾向があります。そのための時間が想定以上にかかってしまい、早期化と逆行する結果となることもあります。

区分経理するためのコストが余計にかかるということもあります。

・経費の申請をする担当者が区分をするために時間がかかる

・申請が誤っていた場合に確認と手戻りに時間がかかる

・仕訳量が増えた場合にBPOベンダーに委託している場合、委託料が増える

というように内部コスト、外部コストともに増えることになってしまうのです。

早期化という目的が達成していない状態で、詳細な管理を実施してその結果コスト増になっているという実態があるとしたら、それは求めていた形ではないでしょう。

時代の変化が激しい現代においては、様々な課題が発生しているのも事実です。

BPOの活用ということだけで捉えても、

“目的が何であったのかを忘れない”

“複数の課題が発生したら優先順位を決める”

“どちらの優先順位も高いのであればコストをかけても両方を追い求める”

といった視点を常に持つことが重要です。

例えば、品質重視であれば多少コストがかかることを許容することが必要になるでしょうし、スピードを重視するのであれば、多少細かさの粒度が粗くなることを許容する必要があるでしょう。

そして、両方を追い求めるのであればコストをかけても両立させることを求めていくことになります。

当初の目的を忘れてしまって「何のためのBPOだったのか？」ということにならないようにしましょう。

なんで BPO したんだっけ？ ってならないように

ポイント

・当初の導入目的を見失わないように文書で残しておく。
・全てを満たせないときのために優先順位をきちんと決めておく。

Case 34

BPO導入での失敗ケース③ 品質劣化

　品質があまりに悪くBPO後に業務が戻ってくるのは避けたいです。

友人の会社でBPO導入したけど、あまりにも質が悪くて困っているって聞きました。
こういうケースは多いのですか？

多いかどうかはわかりませんが、実際に質が劣化して不満を持っている方も一定数いると思います。

せっかくアウトソーシングしたのにレベルが下がったのでは意味がないですね。
キャサリンさんに頼めばそんなことないのでしょうけど。

絶対大丈夫とは言いきれませんが、きちんとした品質のものを提供することは大切なことよね。
お友達の会社では何が原因なのか聞いているのですか？

値段が一番安いところを選んだから、それが原因かもとは言っていました。

それが原因かどうかはわからないですが、BPOベンダーを選ぶ際に品質管理の方針について確認しておくべきだったのかもしれないですね。

導入して品質が劣化しては本末転倒

キャサリンさんの口からも品質劣化が一定数あるというコメントがありましたね。耳の痛い話です。

「現在BPOしているのですが、間違いが多すぎるので変更を検討しています。」

「今のBPOベンダーは、連絡をしても回答がすぐに来ないなど対応が悪いので切り替えを検討しているのです。」

このような現状のBPOベンダーへの不満を口にして、切り替えの相談を受けることは実際多いです。

ただ、キャサリンさんの立場で考えたら、逆にこのようなことを自分の知らないところで言われているのかなと思うとゾッとするでしょう（実際私も書きながら身につまされます…）。

サービスの品質を維持することは改めて重要なのだなと認識させられます。

BPOを導入して失敗するケース3は、導入したけれど思った通りの品質ではないために逆に手間が増えてしまうというケースです。

BPOを導入したての移行中の段階では、BPOベンダーが委託元の業務に精通していないため、慣れるまで時間を要することとなり、委託元の精度と比較すると劣るケースはそれほど珍しくなりません。

ただ、**一定期間を経過した後は業務内容の理解度も向上し、委託元が実施していたレベルまでは引き上がるべきですし、委託元としてはそれ以上のレベルを求める**かもしれません。

そのため、**一定期間経過後に品質レベルが満足した形になっていない場合は導入が失敗しているといえる**でしょう。

品質管理体制はしっかりしているか

では、失敗の原因をどこにあるのでしょうか。

まず1番目に考えられるのはBPOベンダーの品質管理体制が整備されていないことが挙げられるでしょう。

適切な運用をしているBPOベンダーであれば**チェック体制をきちんと整備することはもちろん、社内の教育研修等を通じて品質を担保する努力をしている**はずです。

ただ、このような体制自体は目に見える形で委託前に確認することは限界があります。

そこで、**受託前のヒアリングの際に品質管理の体制やミス等が発生した場合の対応等を確認することが有益**です。

担当者が作業した内容を他の担当者がチェックしたり、内容によっては必ず上司がチェックしているのであれば一定程度の品質は担保されるでしょう。

また、専門的な判断を要する内容であれば公認会計士等の有資格者がチェックをするといった体制が敷かれていればなお安心かもしれません。

仕事の受注段階で実際に作業を担当する担当者との打合せ等が行われるようであればより具体的な内容を確認することができるでしょう。

いずれにしても後で「こんなひどいと思わなかった」ということにならないためにも、業務開始に当たっては品質管理体制を確認することは重要です。

失敗しないためには協力体制も重要

原因の2つ目としては、BPOベンダーとの連絡等の意思疎通の頻度が挙げられます。

基本的に意思疎通が良い状態である方がミス等は起こりにくいと言えます。

例えば、BPOベンダーは社外の人間なので社内の事情には詳しくないのが通常です。

そのため、入手した情報に関して不明な点が出たら委託元に確認して処理をするということになります。その際に、委託元の質問へのレスポンスが良い場合は問題ありませんが、悪い場合はどうなるかというと、BPOベンダーが回答を得られないまま独自に判断をしてしまったり、質問しにくい雰囲気があれば、徐々に質問することを躊躇してしまうことも考えられます。

このようなコミュニケーションが悪い状況に陥るケースではミスが発生しやすいので、対策としては意思疎通が図りやすい環境を作ることが重要です。

定期的に振り返りのミーティングを開催するというのも一つの手法といえます。

以上主だった原因として二つを挙げましたが、品質が劣化した状態でサービスが提供をされると委託元としては正しい処理にするためのリカバリーに時間がかかることになります。

さらには、成果物に疑念があると委託元で入念にチェックをしなければならなくなり、結果としてBPOをしないで自分で作業してチェックをした方が、よっぽど速くて正確なものができるということにもなりかねません。

そのため**BPOベンダーを選定する際はコストの安さだけで判断をせずに品質管理のレベルについても考慮することが重要**です。

品質が劣化するのは最悪パターンかも

1
ある BPO 導入現場でのこと…
この前も間違えてたけどチェックしているのですか？
委託元 D さん

2
実はダブルチェックしてないんだけど言えないなぁ…。
BPO ベンダー C さん

3
間違いを減らすために今度提案をさせていただきたいのですが…。

4
そんな協力はしたくないですね。

・品質管理の体制がしっかりしていないと二度手間が増えることになる。
・BPOベンダーとのコミュニケーションを確保して円滑に事態に対応する。

Case 35

BPO導入での失敗ケース④ 情報管理の不徹底

情報セキュリティ面の管理がしっかりしていることは重要な要素です。

個人情報保護法が厳しくなったって聞きましたけど、影響ありますか？

企業も個人もより適切に管理をする必要があるので、影響はあるわよ。

自社での管理も重要だと思っていますけど、BPOの導入も予定していますし、何か注意する点はありますか？

昭和産業がBPOを導入したら、外部に個人情報を一部管理してもらうことになると思います。
その点について適切に管理されているか確認をする必要はあるわよ。

今の世の中情報管理の徹底が求められますものね。

情報管理にはコストもかかるということを認識することも重要ですよ。

情報セキュリティに関する事件・事故は頻発している

個人情報に限らず、情報管理が求められる時代になっています。

情報漏洩に関する事件・事故のニュースが後を絶ちません。

多くの人の記憶に残っていると思われる事件・事故でも次のようなものがあります。

・教育サービスを手掛けているベネッセコーポレーションで、グループ企業に勤務していた派遣社員のエンジニアがデータベースから顧客情報を持ち出した事件
・ソフトバンクの元社員が楽天モバイルに転職する際に、ソフトバンクから機密情報を持ち出したということで疑われた事件
・ソフトバンクの元社員が在日ロシア通商代表部の社員に機密情報を提供したとされる事件
・尼崎市の個人情報を取り扱っていたBIPROGY（旧日本ユニシス）の下請業者の作業担当者が、個人情報が入ったUSBメモリを持ったまま飲食店で酒を飲んで、USBメモリを紛失（その後発見）した事故

これらは全て大手企業や行政に関わる事件や事故なので、ニュースになりましたが、これらのニュースの陰でニュースになっていない多数の事件や事故が起きていることは想像に難くありません。

記載した事件は経理業務と直接関係がないので、業務との関連を感じない方もいるかもしれませんが、経理にまつわる事件として、ソニー生命の元従業員がリモートワーク中に海外連結子会社の銀行口座から約170億円を外部口座に不正送金した疑いで逮捕されるという事件も発生しています。

この事件などはリモートワーク中の監視体制が弱いということを突いて起

きた事件として、経理部門でも衝撃が走ったことと思います。

BPOベンダーの情報管理体制を確認しておこう

経理業務をBPOした場合においても、BPOベンダーの情報管理は非常に重要です。

仮にBPOベンダーが個人情報を漏洩したとなると、BPOベンダーに責任があるのは当然ですが、BPOベンダーの管理責任というと観点から委託元にも責任が生じることになります。

上場企業であれば決算開示前に決算数値が外部に流出したり、あるいはそれらの情報をもとにインサイダー取引が行われて、後に証券取引等監視委員会から勧告を受けるような事態にでもなったら信頼の低下は免れないでしょう。

そのように考えるとBPOをする際にBPOベンダーの情報管理体制を認識しておくということは重要です。

例えば、リモートワークが恒常化しつつある昨今において、リモートワーク時におけるセキュリティ体制がどのようになっているのかです。

- **マイナンバーをリモートワーク時に扱える状態となっているとした場合に、家族等からも閲覧不可の隔離された状態で執務が可能となっているか**
- **個人のPCからアクセス可能となっている場合において、会社の情報を個人のPCにダウンロードできる状態となっていないか**
- **会社から支給されたPCからしかデータにアクセスできないとしてもUSBメモリにダウンロードできる状態となっていないか**
- **印刷可能であると紙を通じて漏洩が起こりえるが、リモートワーク時に**

印刷が許可されているか

- **仮に事故等が発生した場合に、PC上での操作ログが後から追跡できるように監視ツールが入っているか**

上記のような点は、情報漏洩を防ぐという視点では施策が必要な点です。

経理部門の場合は、上場企業であればインサイダー情報が多数含まれているので、情報管理が徹底されているかどうかという点は委託するに当たっては留意すべき事項となるでしょう。

客観的に情報管理を適切に行っているかどうかを確認するという観点では、情報管理の認証を取得しているかで判断も可能です。

例えば、**情報セキュリティマネジメントともいわれるISMS認証を取得しているのであれば一定程度の信頼はある**と言えます。

また、ISMS認証と近いものに個人情報の適切な保護に注力した日本国内の制度であるプライバシーマークもあります。プライバシーマークは「Pマーク」と呼ばれることもあります。

これらの認証を取得していれば全く問題ないということは言えませんが、**少なくともこれらの認証を取得しているということは、セキュリティへの取組みをしているという推察ができる**でしょう。

情報セキュリティ対応は現代のマスト事項

Check!　失敗しないために

☑ 個人情報やインサイダー情報の取り扱いがしっかりしているかは要注意

☑ 情報セキュリティの認証を取得していることは判断材料の一つ

ポイント

・BPOする場合は情報管理が適切に行われているベンダーに依頼をしないと情報漏洩等のリスクが高まる。

・個人情報含めた情報の取扱いの運用について確認をする。

Case 36

料金体系の考え方

BPOはコストが高いイメージもあるが実際はどうなのでしょう。

BPOしたいと思っているのですが、費用はどれくらいかかるのかしら？

うちの経理は簡単だから安いんじゃないかな。

そうですね、難易度も反映されますが、ボリュームも影響することになります。

ボリュームというと？

例えば、仕訳の量や支払先の件数などが挙げられますよ。

社員の人数とかは影響しますか？

一般的には、人数が多いと経費精算の対象者なども増えるので、ボリュームは増える傾向にありますね。

BPOと聞くと一部の大企業だけという印象があるが…

BPOを検討するとなると当然コストは重要なファクターの一つとなります。

BPOは大手企業のみが活用する手段であって、中堅・中小企業には必要ないと思われがちです。

その大きな理由の一つが、BPOすること自体が、大手企業のみが利用するサービスで、コストが高いというイメージを持っている人がいることが要因にあると思われます。

実際、筆者も比較的規模の小さな企業等から相談を受ける際に、

「うちみたいな小さな規模だとBPOなんて受けてもらえないですよね？」

「料金がある程度高い仕事でないとBPOできないと思っていますが、いかがでしょうか？」

といったことを始めに聞かれたことがあります。

少し踏み込んで聞いてみると、

・大手企業が大量の処理を出すものがBPOというイメージ

・大手企業が使う手段なのできっと金額は高いイメージ

というのが背景にあるように感じます。

中規模以下の会社でもうまくBPO活用しているケースも

実際にBPOが行われているものは、大手企業向けのものだけなのかというと、そのようなことはありません。

中規模以下の企業向けに提供されているサービスも多数あります。

最近のトレンドとしては、**クラウド型のシステムと組み合わせてBPOサービスを行っている案件が増えている**ように感じます。

具体的には、**クラウド型の会計システムや経費精算システムで比較的手頃**

な値段で提供しているものを導入して、そのシステムを使って、BPOベンダーにシステムを開放して、経理業務をBPOベンダーに実施してもらうという形態です。

クラウド型の会計システムが普及する前は、クライアントが保有する自社システムをBPOベンダーと共有するに当たって、セキュリティ面を含めてどのように開放するのかということがネックになったり、外部から接続する専用パソコンの準備に一定程度のコストが発生して進まなかった面もありました。

クラウド型のシステムであればそのようなインフラを準備する必要性がなくなりますので、スムーズにBPOを導入することが可能となりました。

また、中小企業などの場合、会計システムは使っていてもクラウド型でない場合は、会社のパソコンの中にしかデータがないため、BPOを始めようとすると会計データ自体をメールで送付して、それをBPOベンダーがデータエントリーをして会社に戻すといったやり方が一つの方法となっていました。ただ、このようなやり方の場合は、データが同期されていないので、一方が作業をしている場合は他方が作業をすることができず、非効率なものでした。

この点、クラウド型のシステムであれば、会社側もBPOベンダー側も同時に同じデータにアクセスできるので、情報共有のレベルは格段に上がり、BPOを実施することが容易になっています。

コストはどうなの？

クラウド型のシステムの普及に伴って、BPOの導入が中小企業等でも実施しやすい環境が整いましたので、次はコストについて見ていきましょう。

まず、クラウド型のシステムを導入しようとした場合のコストですが、様々な機能が拡充されていく中で基本料金は中堅・中小企業でも手の届く金額設定となっています。今までサーバ等を自前で設置するオンプレミス型のシステムを利用している企業が、コストを考慮しても有益という判断を下して、クラウド型のシステムに切り替えている現状を鑑みますと、クラウド型システム利用はコストメリットを享受できていると言えるでしょう。

続いて、BPOベンダーに経理業務等を行ってもらう場合のコストです。

こちらの方は、提供するベンダーによってコストの考え方は異なるので一概に安いか高いかとは言えませんが、ニーズに応えるためには当然安く提供できる仕組みを構築することはBPOベンダーとしても実施しなければならないことです。

ただ、**コストだけを下げようと思って、品質が疎かにしてしまっては、クライアントのニーズに応えることはできないので、一定程度の品質を確保することも重要に**なってきます。

単純業務と判断業務を分担することでコストを抑える

コストを抑えつつ、品質も一定水準にするために、BPOベンダーは業務実施に当たって、手当てする人材を適材適所に振り分けるようにしているケースが多いです。

経理業務の中でも単純な業務については、比較的単価の低い人に実施をしてもらったり、自動化を図ることでコストを抑えるようにします。そして、判断を要する業務については、知見を有する単価の高い人に実施してもらうことで品質が確保できるようにします。

このように単価の高い人と低い人を一つの業務に適切に振り分けることで、全体のコストを抑えることができるのです。

ですから、たとえ高度な業務であったとしてもうまく単価の低い人と組み合わせることで想定よりも低いコストになることはあるのです。

BPOの料金体系はどうなっているのか

BPOの料金ですが、主に次のようなパターンになっています。

■ボリュームに応じた課金制

仕訳の登録件数、支払件数、集計対象人数等に応じて料金が決まる方式です。

取引内容ごとに単価が設定されていて、実際に作業した実績数に応じて「数量×単価」で請求額が決まります。

ボリュームが多ければ請求額が多くなり、ボリュームが少なければ請求額は少なくなるので、コストが変動費的となります。

委託元としても依頼するボリュームを減らすことでコスト削減を図ることも可能です。

この方式で請求がされるケースが多いので、仮にBPOの導入を検討し始めた場合は、導入対象となる取引のボリュームを事前に把握しておくとおよその金額の算定等ができるようになります。

■月額定額制

料金が定額の方式です。かつては、この方式が多かったようですが、取引の変動が反映されないため委託元、BPOベンダーの両社にとっても合理的でないため、最近ではあまり見られない方式です。

ただ、**社内の予算確保の関係上、コストの上限設定**が**されている会社などでは、この方式で金額を設定して欲しいというケース**もあります。

■時間単価制

オンサイト型で業務を請け負う場合によくある形式で、働いた業務時間

に応じて料金が決まります。

「単価×時間」の料金ですので、生産性が高い人が担当してくれれば安く済みますが、生産性が低い人が担当すると想定以上にコストがかさむことになってしまいます。

主な料金体系3つを示しましたが、ボリュームに応じた課金制で請求をしているケースが多いという印象です。

なお、当初締結した基本業務とは別に追加の業務や緊急対応等をすると別途追加料金が課されるケースもあります。

BPOの現場で追加料金が発生するのは、管理資料をより詳細に作って欲しいといった粒度を細かくして欲しいというリクエストや短い納期の中で急ぎの対応をして欲しいといった場合に生じる緊急対応リクエストがあった場合などです。

どこまで細かさを求めるのか、速さを求めるのかはコストとのバランスを勘案して決定していくべき事項であることは言うまでもありません。

BPO の料金体系

1 従量制	2 月額定額制	3 時間単価制
方法： 件数に応じて請求	**方法：** 定額で請求	**方法：** 時間数に応じて請求
メリット： 量に応じて変動するので変動費的な動きとなる。	**メリット：** コストの上限設定がされている会社では予算内で収まる。	**メリット：** 有能な人が担当するとコストメリットを享受できる。
デメリット： 見積時にボリュームを正しく算出しておく必要がある。	**デメリット：** 固定費となるのでボリュームが減っても減額されない。	**デメリット：** 生産性が低い人が担当するとコスト高になる。

ポイント

・見積金額を算出してもらうためには、取引ボリュームを把握しておく必要がある。

・どこまで細かさを求めるか、どこまで速さを求めるかによっても金額が異なってくる。

5 BPOの具体的活用事例

他社ではどんな業務をBPOしているのだろう。
自社にあてはめて適合する業務が何かを考えてみましょう。

Case 37

具体的なBPO依頼業務①
請求書発行・入金消込業務

債権管理業務は細分化すると委託可能な業務も多いです。

昭和産業では売上計上した売掛金の滞留状況はタイムリーに把握しているのですか？

入金があってもよくわからないものもあって、決算の時に整理している感じです。

と言うことは、残高管理がきちんとできていないということですか。

正直あまり自信はないです…。

部長はその点は認識しているのですか？

多分わかっていらっしゃらないと思います。

何とか早めに対応策を講じないといけないですね。
今度詳細を教えてください。考えてみますので。

ビーポさん、ありがとうございます！

売上に関する業務でもBPOに向いているものと向いていないものがある

ここからは、具体的に経理のBPOの現場で委託をされている業務の中身やその際の留意点等について解説をします。

冒頭のしのびさんとビーポさんの会話は売上や売掛金に関して話しています。

経理で売上や売掛金に関する業務として主に次のような業務があります。

債権計上関連業務

①　売上計上　請求データの登録

②　請求書発行　①で登録した情報をもとに請求書を紙で発送あるいは、Web上で公開等を実施

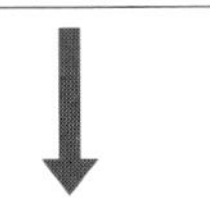

③　入金消込　取引先からの入金を、発生した取引ごとに消し込んで、未入金の内訳を特定させる

④　滞留債権管理　③の消込後の未入金リストのうち、滞留している売掛金についてリストアップするとともに、取引先に督促を実施

売上は計上して終わりではなく入金があって初めて会社の利益に貢献するので、上記の①～④の流れがスムーズに繰り返し実施される必要があります。

経理のBPOについては、上記の①～④の全てにおいて実施されていますが、費用対効果等の観点も踏まえて見ていきましょう。

①の**売上計上は、実は一番費用対効果という点でBPOに不向き**です。

売上計上に関しては、請求システムを利用している会社が多いですが、①の業務は、そのシステムに登録する作業といえます。中には、まだ請求システムを導入しておらず、Excelで請求書を発行している会社もありますが、その場合はExcelに入力する業務が①の業務といえます。

この業務をBPOベンダーに委託する場合、**情報をBPOベンダーに伝達するのが面倒なので不向き**と書いています。

実際に請求する金額や数量を把握しているのは、現業部門の担当者であることが多いです。

ですから、BPOベンダーは、現業部門の担当者から情報を収集して、そのうえで、請求データの入力をすることが必要になってきます。

そうであれば、現業部門の担当者が直接入力してしまった方が、スムーズですよね。

ただ、**オンサイト型のBPOのスタイルで実施している場合は、常に現業部門の担当者の情報をタイムリーに入手することができるので、そのようなスタイルで仕事をするのであればスムーズに実施することが可能**です。

紙の請求書の場合は取決めをしておくことが必要

次に**②の請求書発行や③の入金消込ですが、これはBPOしやすい業務**です。

まず、②の請求書発行ですが、紙で発送する場合とWeb等で公開する場合の大きく2種類があります。どちらも実施は可能ですが、紙で発送する場合は取決め等が必要になります。

例えば、封入する封筒ですが、会社専用のもので発送することが多いです。そのため、封筒の在庫がBPOベンダー側でなくなってきた場合には、都度送付を依頼する必要があります。

また、用紙も白紙に印刷をするので良ければBPOベンダー側で印刷をして、封入すればよいですが、これも専用の用紙を使って印刷する必要があるのでしたら、用紙も定期的に送付しておく必要があります。

さらに、請求書にDMを同封したいという会社もあります。請求書の送付に合わせてサービスの紹介をしたい場合などです。この場合はDMも送る必要ありますし、同封してほしい旨を事前に伝えておく必要があります。

一方、Web等で請求データを公開する場合は、基本的にはペーパーレスで業務が進むのでBPOベンダーに対しては売上が確定した旨を伝えて、その後、Webでの情報公開等をしてもらうことで業務が完了します。DMなどは請求書発行システムに添付して提供することもできます。

入金消込はきちんと継続実施しておかないと後で大変なことに

③の入金消込ですが、この業務は、売上関係の業務で一番ニーズがあるようです。

入金消込は月末入金の会社であれば、月末から月初にかけての期間が、最も業務の量が増えるタイミングになります。

そして、この時期は経理部門が１ヶ月の中で最も繁忙な時期です。猫の手も借りたいということで、BPOをする候補になってくるのでしょう。

入金消込は、間違って処理をしてしまうと取引先からの信頼を失いかねない重要な業務です。

例えば、入金があった代金の消込を本来の取引先であるA社ではなく、別の取引先B社で消し込んでしまったらどうなるでしょう。

帳簿上はA社からの入金がまだなので、A社に督促をすることになってしまいます。するとすでに支払ったA社としては、支払済みにもかかわらず督促をされるのでいい気持ちはしないですよね。場合によっては、A社から信頼を失ってしまうかもしれません。

ここでA社から指摘が入れば帳簿が是正されますが、会社によっては入金消込をしても督促等まで行っていない会社もあります。

そうなると、一度間違えた帳簿のズレは継続してズレたままとなり、将来何かおかしいと気付いたとしても過去に遡らなければなりません。その時に多大な時間を要することになってしまいますね。

BPOの依頼を受けて引継ぎ等を受ける際に、売掛金の残高管理が適切に行われておらず、どの相手先にいくら未収なのかがわからない状況に陥っている会社に遭遇したこともしばしばです。そのような状況に陥らないようにするために、入金消込に関してBPOベンダーに委託をするという会社も多いです。

④の滞留債権リストの作成と取引先への督促業務ですが、③の入金消込の流れで滞留債権リストの作成までは依頼しているケースが多いです。

ただし、入金の督促に関しては、委託するとしても文書等による督促までで、実際に直接電話をかけて督促する等の業務は自社で対応しているケースの方が多いです。

事情を把握していない外部のBPOベンダーが機械的に督促の連絡をした場合、意思疎通がうまくいかないケースもありうるからです。

売上や売掛金関係のBPO業務を見てきましたが、特に**入金消込の業務がうまく外部に移行できると経理部門の繁忙期に月次決算業務等に注力できるメリットも生じますし、債権管理の状態がよくない会社にとっては、債権管理業務の改善の良い機会になる**かもしれません。

請求業務は費用対効果で委託業務を選定する

売上計上	請求書発行	入金消込	債権管理
請求データの登録	紙で発送、Webで公開	相手先ごとに特定	滞留先へ督促

社内事情に精通していない分、BPOしても費用対効果が出にくいですね。

最近はペーパーレスを志向して、Web公開前提でBPOするケースが多いです。

一番手間がかかる分、BPOをすると効果が出る領域ですね。

書面の作成までは委託できますが、最終の回収までだと社内の担当者の方が向いています。

ポイント

・請求書の発行は、計上から依頼をすると高コストになるケースもある。
・入金の消込を依頼して残高管理が徹底されると滞留債権も減少する。

Case 38

具体的なBPO依頼業務②
経費精算業務

　システム導入とセットでBPOするケースが増えています。

経費精算の仕事をしていると、都度金庫から現金の出し入れをすることになって、本当に仕事が進まないです。

経費精算を都度行っているのであれば、結構大変ですね。
現金をなくすことは検討しましたか？

一度提案しましたが、営業部門にノーと言われてしまって話が進みませんでした。

そうなのですね。
経費の精算をBPOしている会社もありますよ。

そうなのですか。この業務が委託できたらすごく助かります。

今度提案してみたらいかがでしょうか。

経理精算はシステム導入効果が高い

今度は経費精算の業務について話をしているようですね。

経理精算業務をBPO導入の取っ掛かりにする会社が一番多いのではないかという印象があります。

しのびさんは都度現金を金庫から出しているということで、小口現金を使いながら経費精算を都度行っているようです。

この点について、小口現金を使うこと自体が非効率ということで、小口現金による経費精算をなくしている会社も増えていますし、実際その方が業務効率は上がると考えます。

その上での経費精算の業務ですが、経費精算のシステムを導入している会社が最近は増えていますが、導入している会社と導入していない会社で、やや業務の流れが異なってきます。

まず、経費精算システムを導入していない会社で考えます。

経費精算の流れ（システム導入なしのケース）

① 申請者の申請　申請者が所定の経費精算書（Excelの場合や紙の場合が多いです。）に入力あるいは記載をして、領収書を添付して上司に回覧

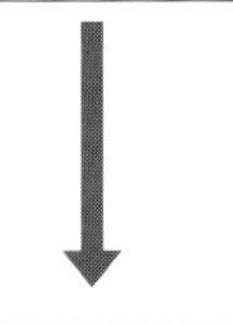

② 上司の回覧後に経理部門に送付　

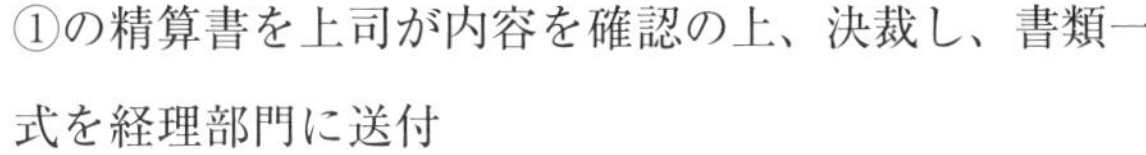

①の精算書を上司が内容を確認の上、決裁し、書類一式を経理部門に送付

③ 経理部門での確認と仕訳計上　現場の上司の決裁を受けた精算書について、勘定科目や領収書との金額の合致等を確認して、精算書を見ながら会計帳簿に仕訳計上

④　本人に送金　精算書に基づいて経理部門が申請者の預金口座に振込み処理

これに対して、経費精算システムを導入している会社の場合、上記①～④のプロセスが変わります。

違いを記載すると以下のようになります。

経費精算の流れ（システム導入ありのケース）

①　データの取込み　経費申請時に紙の領収書を添付せずに、領収書をスマートフォンで撮影して画像データをシステムに取り込み、スキャナ保存制度を活用していれば領収書の廃棄が可能

②　システム上での承認　システム上で承認が可能なので紙を経理部門に送付することなく、経理側にデータを送付可能

③　経理部門による確認　経理部門でも領収書を画像で確認可能、仕訳入力も①の申請時に申請者が登録した情報を活用することができ、誤った勘定科目等を使っている場合に修正を行うのみで、改めて仕訳情報を一から打ち込む必要がない

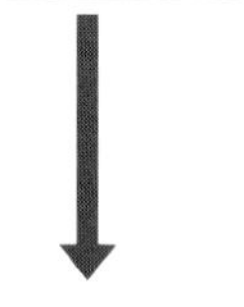

④　振込実施　インターネットバンキングを利用していれば、経費精算システムで全銀協フォーマットが生成され、それを活用して振込みが実施可能

このように経費精算システムの導入の有無によって経理部門の業務効率は異なってきますが、それでも経理部門で行うべき業務がゼロになるわけではありません。

経費精算業務は、毎週や毎月発生が継続する業務であり、業務内容もそこまで複雑なものが多くないので、経理BPOを検討している会社では必ずと言ってよいくらい検討の対象になってきます。

内容のチェックはBPOすることで牽制が効く面もある

それでは、どの部分をBPOできるかというと、**経理部門に回ってきた精算書の内容の確認業務が多い**です。

毎週あるいは毎月一定の期日に精算書が紙あるいはデータで経理部門に回ってきますが、精算を速やかにしてあげるためにも、精算書の確認作業をためこまずに速やかに実施することが求められます。結果として、経理部門の負担は増えてしまいます。それが月次決算等のタイミングと重なるとより負担感が大きくなってしまいます。

また、**経費の申請者は経理業務に精通していないケースが多い**です。

そのため、**勘定科目の誤りや消費税の誤りというのが発生することが多く、それらを是正・修正する作業を経理部門の担当者が行っているのが常で、その部分をBPOする**のです。

勘定科目の誤りの中でも固定資産に計上すべきかどうか、交際費に計上すべきかどうかといった点は、見誤ると税務申告にも影響を及ぼすので慎重に確認することが求められる内容です。

消費税のコードのチェックに関しても、消費税率が10%ということもあり、判断を間違えると消費税の納税額に与えるインパクトも小さくありません。

また、消費税も個別対応方式を採用している企業の場合は、仕入税額控除の判別に当たっては、10%、軽減税率の８%、経過措置の８%という３区分のみならず、課税売上のみに対応するのか、非課税売上のみに対応するのか、課税・非課税売上の両方に共通して対応するものなのかという３区分にも留意しなければなりません。結果として仕入税額控除は、３×３の９通りに分類された中でコードを選ぶ必要が出てくるのです。

さらに、**インボイス制度が導入されると、仕入税額控除の判定に当たって、免税事業者からの仕入れなのか適格請求書発行事業者からの仕入れなのかも判別する必要**が出てきます。

このような煩雑な判断については、申請者のみならず申請者の上司のチェックでもいい加減になっているケースが散見されますので、経理がしっかりと確認する必要があるのです。

経理が担当すべきこれらの業務をBPOしているのは、経理部門の担当者と同レベルのチェックが可能となるので、BPOしやすいということも要因であると考えられます。

ただし、経費精算書のチェックをBPOするにしても、あまりにも細かいところまで見てもらおうとするとその分コストも上がり、費用対効果が出なくなる可能性もあるので注意が必要です。

例えば、電車代の確認のために都度インターネット検索をして経路の確認をしてもらったり、社内規程の内容を深く読み込まないと判断ができないような諸手当の金額の妥当性をBPOベンダーに頼んだりするとそれ相応のコストが発生することになってしまいます。

電車代の妥当性であれば経費精算システムの活用を考える、諸手当の妥当性であれば申請者の上司に管理職の業務としてしっかりと見てもらう等の役割分担を決めて、なんでもBPOベンダーに頼まないようにするといった判断も肝要です。

経費精算システム導入を前提で BPO する方が効果は高い

経費精算システム導入ありのケース

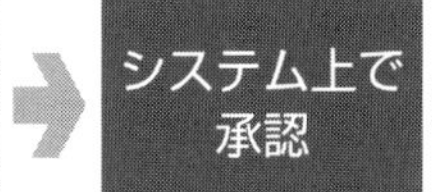

仕訳として取込む基となるので、勘定科目、消費税、金額等の確認を BPO することで現場での処理の誤りを修正できます。

システムを活用して振込みデータを生成して確認の上、社内の最終決裁者に振込の承認をしてもらうデータの共有まで委託できます。

ポイント

- 経費精算のBPOを進める場合は、小口現金をなくして経費精算システムを導入するケースが多い。
- 経費精算は上司のチェックがいい加減な場合もあり、外部を使って牽制を図るのも効果的。

Case 39

具体的なBPO依頼業務③ 支払処理業務

定型的な業務のためBPOの対象となりやすい業務です。

うちの会社は事業拡大スピードが速すぎて、毎月支払先も 2 桁以上の件数で伸びているんですよ。

そうなると、チェックするのも大変じゃないですか。

請求書が来るときはいつも終電くらいまでチェックに明け暮れていますよ。
このペースで増えていくと正直厳しいです。

業務の改善を進めことである程度は時間の削減はできると思いますが、今のペースで増えると確かに厳しそうですね。

何かいい対策はないでしょうか？

繁忙期だけでも派遣社員の方に来てもらうという方法もありますし、一部だけでもアウトソーシングするという方法もあるかと思います。

支払処理は時期が集中するので平準化のために導入されやすい

経費精算業務と同じくらいBPOの検討対象になるのが、業者（最近は対等な関係を意識して、パートナー企業と呼ぶことが多いですが、ここでは業者と記載します。）への支払業務です。

基本的な内容は経費精算業の際に依頼される内容と同じです。

また、業者への支払処理業務についても、購買システムを使っている場合と使っていない場合がありますが、その点も概ね経費精算の際に説明した内容（**Case 38**）と類似しています。

ただ、経費精算と違う点としては、以下のような点が挙げられます。

①　支払時期が同時期に集中しやすい

⇒　従業員の経費精算の場合は、人数が多くなっても支払時期の選択肢を毎週等にすることによって、分散が図れますが、業者払いの場合、例えば月末締め翌月末払いとなるとほぼ全ての支払いが月末に集中することになります。

②　1件の取引金額が大きいものがある

⇒　業者への支払いは1件で億単位のものもあり、経費精算と比較して金額が大きいため処理を間違えると影響が大きくなります。

③　経費精算と比較して勘定科目が多岐にわたる

⇒　経費精算の場合、旅費交通費、食事代、消耗品代等が発生する費用のほとんどを占めることになり、対応する勘定科目も限られています。これに対して、業者払いの場合は広範な内容が含まれるので自ずと勘定科目も多岐にわたることになります。

BPOをしようと考えるきっかけになるのは、①の支払時期が集中するという特徴にあると考えます。

具体的には、**営業所や店舗の件数が増加中の会社が、各拠点に経理機能のうち支払機能を持たせておらず、本社で支払いを一括処理しているのですが、本社の人員を増やせられないので業務が回らないというケース**です。

営業所や店舗が増えるとその拠点ごとに新たな業者との取引が開始されることとなり、その結果新たな取引先から請求書をもらうことになります。

各拠点に支払いを任せると不正が起こる可能性もありますし、そもそも経理事務を行える人材を配置するのは難しいということで、支払処理は本社一括にしているケースが多いです。

そのため、請求書の件数が増えるとその分経理部門の負担は増えることになります。本社の経理部に新たに社員が採用されて１人当たりの負担が軽減されれば業務は回すことができますが、人員が増えなければ負担が大きいです。

そこで、**一部の営業所の分だけでも確認作業等をBPOしたいという依頼**があります。

どこまでBPOするかはコストとのバランスで決める

依頼を検討する場合に、留意する点として②の金額インパクトと③の勘定科目の多さがあります。

②の取引金額が大きいという点については、社内のリソースが不足していて、十分にチェックができない状態であれば外部のリソースを頼って適正にチェックをしてもらうことが有益な場合もあります。

チェック件数が多いとチェック漏れが生じることもあるでしょうし、時間がないということでチェック自体をしないまま処理を進めてしまうこともあるかもしれません。

振込金額を１桁でも間違えてしまったら、回収するために別途時間をとらなければならず、よっぽどチェックに時間を使えばよかったなんてことになりかねませんよね。

また、③の勘定科目が多岐にわたる点については、経費精算の際に求められた固定資産や交際費といった項目以外にも幅広く税務の判断が求められるということがあります。

海外送金があれば、源泉税の徴収はいらないのかどうか、そもそも損金性が認められる経費なのかといった経費精算の処理では出てこないような論点も出てくるかもしれません。

消費税のコードチェックは経費精算の時と同様にチェックが必要となりますが、金額が大きくなる分チェックする重要性は増してきます。

上場している企業であれば連結決算のために内部取引を把握する必要があります。この際に、会計システム上、内部取引に該当するグループ企業との取引に際しては、所定の取引先コードを付す必要があります。支払業務をする際には、グループ企業との取引に際して、適切に取引先コードがついているかどうかもチェックポイントになります。もしも適切にコードがついていないと内部取引の照合をした際に、親子間の取引金額や債権債務の金額が一致せずに不一致内容の精査のための業務時間が改めて発生することとなります。このような手戻りはない方がいいですよね。

最近は、**支払処理のBPOの提供の仕方として、支払う請求書自体をBPOベンダーに直送する方法**もあります。直送で受け取った、請求書が紙であればスキャンして保存し、そのうえで、データ化までするというサービススタイルです。

この場合に留意しなければならないことは、請求書が直送されたとしても支払いの判断をするのは委託元です。ですから、**直送されて手元に支払う請求書がないとしてもデータを見て、正しい金額の請求額なのかどうかといった点は、委託元の発注担当者や上司が適切に判断することが重要**です。

ノーチェックで支払処理だけが進んでしまうと、コスト管理がいい加減な状態に陥ってしまい本末転倒になってしまうので、その点は留意が必要です。

支払処理はどの会社にもある汎用的な業務なのでBPOを実施しやすい

支払処理をBPOする効果

1　時期が集中するので一部の委託でも平準化に寄与

2　取引金額大きいので、外部の目も入れることでミス低減

3　勘定科目が多岐にわたるので専門性が高いスタッフはニーズ有

ポイント

・取引先への支払業務の委託は経理BPOを行いやすい領域。
・金額以外にも勘定科目、取引先、消費税コードなどが重要なチェックポイントになる。

Case 40

具体的なBPO依頼業務④ 納税管理、期限管理業務

電子納税の活用も並行して検討すべき業務です。

納税の時期になると、いつも銀行の窓口が混んで待ち時間がかなりなものになるんですよね。

いつも銀行に行ったら何時間も帰ってこないから、どこかでお茶でもしているのかなと思っていましたよ。

部長、それはないですよ。
私だって、行きたくて行っているわけじゃないのですからね。

すまん、すまん。

それにしても、月に何時間かは銀行の往復に時間をとられているので、何とかしたいとは思います。

電子納税にしたらそんな無駄はなくなりますし、納税の管理をアウトソーシングしている会社もありますよ。

確かに税務署からも電子納税の案内が来ていた気がします。

電子納税を使うと外出時間が激減

しのびさんは、納税する際は納付書を金融機関に持ち込んで行っているようですね。キャサリンさんが言っているように電子納税を利用すると金融機関に行く手間が減りますので、有益な手段といえます。

国税の納付における電子納税の利用率は2020年度で約25%とのことで、この割合を数年内に40%まで高めていくのが国の目標となっています。

企業の電子納税の利用状況ですが、以前はあまり利用が進んでいなくて、しのびさんと同様に納付書を持ち込んで納税している会社が多かったという印象です。決算が終わると手書きの納付書を金融機関に持ち込んで、経理部門が納期限までに納めるというのが業務の流れでした。

ただ、新型コロナウイルス感染症がまん延して、緊急事態宣言等が発令されリモートワーク等を余儀なくされる状況になり、外出をせずに納税する方法を模索するようになったのです。

その結果、**今まで利用に積極的でなかった企業も電子納税を活用するようになった**のです。

また、国税以外にも地方税を納税しますが、**地方税に関してはeLTAX（エルタックス）の共通納税という仕組みがあり、全ての地方公共団体へ一括して電子納税ができる**ようになりました。

全国に拠点がある企業などの場合、都道府県や市町村を合わせると50ヶ所を超える地方公共団体に納税するための納付書を準備する必要がありましたが、eLTAXを活用することでそのような準備をする必要がなくなり、企業側の負担は大幅に軽減されました。

納期限に遅れるとペナルティがあるので管理は慎重に

税金については、納付漏れがあると加算税や延滞税が発生するため、期限管理が非常に重要な業務といえます。

納税管理を経理部門で適切に実施できる状況であれば、単純に会社で電子納税ができる環境を整えるだけで済みますが、期限管理を永続的に実施していくには不安が残る会社からは納税管理のBPOを依頼されるケースがあります。

納税をする対象としては、国税の場合は法人税、消費税、源泉税が主だったところです。

法人税と消費税の確定申告分については、申告書の作成を外部の税理士や税理士法人が行っていて電子申告をしているようであれば、その税理士等と連携を図ることによって電子納税まで手配してもらうとスムーズです。

電子納税のうちダイレクト納付を利用する場合は、納付日を指定できますので、早めに電子納税の準備が終わったとしても納税自体は実際の期限とすることができます。

自社で納付書を持ち込んでいた際は、納期限近くになって金融機関に行く日程を調整していたかと思いますが、そのような無駄からは解放されることになりますね。

源泉税の納税に関しては、給与や報酬の源泉税のように毎月発生するものであれば、原則として毎月翌月10日までに納税が必要になります。

毎月10日に発生するのであれば忘れにくいですが、**実務上忘れがちなのは、給与の支給人員が常時10人未満である源泉徴収義務者に適用される納期の特例に基づいて半年に１回納税する場合や、配当を実施した場合に納付する源泉税など、たまにしか発生しないもの**です。

源泉税の場合は納付が遅れると不納付加算税というペナルティが発生することになります。

ですので、これらの**不定期な分も含めて納税管理をBPOすることで管理業務から解放することを志向する企業も少なくありません。**

電子納税とBPOの組み合わせで楽ちん

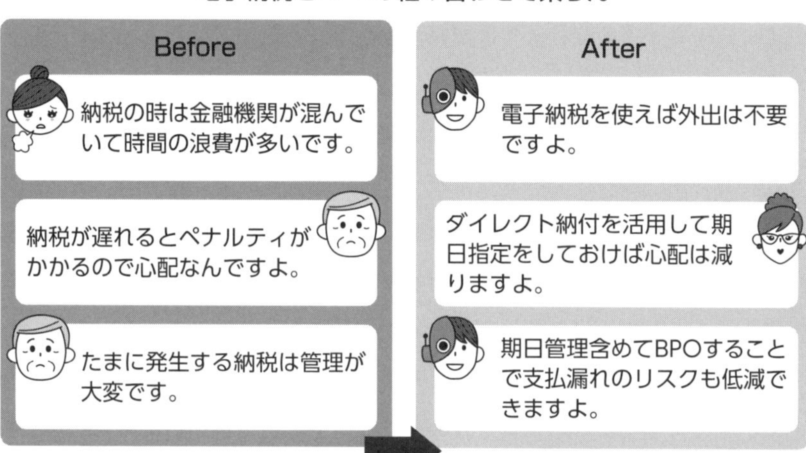

BPO活用パターン
① 電子納税セットアップ
② 納税管理

・申告完了後にダイレクト納付の対応も依頼をすると納税管理から解放される。
・手書きの納付書作成や窓口に行かなくて済む分の時間圧縮効果は大きい。

Case 41
具体的なBPO依頼業務⑤ 給与計算業務

社内で取り扱う人を限定したい会社も多い業務です。

最近入退社が多すぎて、給与計算が大変過ぎです。

申し訳ないね。
でも給料は期限にきちんと払わないといけないものだからねぇ。

給与の支払期限に間に合わなかったら社員からどんなクレームが来るかわからないので、必死ですよ。

給与計算はいろんな目的で外部にアウトソーシングしているケースが多いですよ。

いろんな目的ですか？

昭和産業のように業務が多忙でお願いするケースもありますし、社内で情報をあまり共有したくないという理由でアウトソーシングするケースもあります。

給与計算はBPOしやすい業務

給与計算は、規模の大きな企業では人事部門が実施しているケースが多いです。

ただ、中規模以下の会社の場合は経理部門内で給与計算を実施しているケースも少なくありません。

給与計算をBPOすることを検討しているは様々ありますが、主な理由は以下の通りです。

①　ルーティーン業務だから

②　平準化が難しく、休日出勤もあるから

③　社内で給与額を知っている人を限定したいから

④　モンスター社員を生み出さないため

それぞれ中身を見ていきましょう。

①のルーティーン業務だから、というのはBPOを出す一番オーソドックスな理由ですね。

人事評価制度などは会社によって異なっていますが、基本となる給与額や勤務時間に応じて発生する時間外手当、控除額である所得税や社会保険料等は法律で規定されているので、給与計算自体にオリジナリティはないといっても言い過ぎではないでしょう。

所得税や社会保険料等は、給与計算ソフトを入れてマスタの設定を誤らなければ基本的に正しい金額が算出されることとなっています。

そのため、給与計算のBPOを受託するとなると社内規程の確認等は必要となりますが、基本となるマスタ情報等の移行がスムーズに行われれば3ヶ月以内には移行が完成しているケースが多いです。

②の平準化が難しく、休日出勤もあるからというのは、給与計算特有のことといえるかもしれません。労働基準法上、給与は一定の期日に支払わなければならず、休日の並びによってはかなり前倒しや休日に出社しなければ計算が完了しないということがあります。

例えば、毎月25日が給与支払日の会社で、ある月の25日が祝日で23日、24日が土日だったとします。この場合、通常は22日の金曜日に支払いをすることとなりますが、金融機関との契約により、支払日の３営業日前までに送金処理を完了しなければならない場合は、19日の火曜日がその日になります。この前に給料計算が確定する必要があるわけですが、16日と17日の土日のいずれかに出社をしないといけないということがあり得ます。

祝日等の並びによっては休日出勤を余儀なくされることが多く、平準化が難しいといえますので、BPOを検討するのです。

ただ、BPOベンダーの方も状況としては同じになるので、給与計算の締めによってはBPOを受託することが困難な場合もあります。

そのようなこともあって、**BPOをすることを機会に締め日を変える**なんて言うこともあります。

会社の規模が小さく、従業員数が少ない過去に決めた給与の締め日が、従業員数が増えて、今の陣容ではとても回せないというケースもあるので、時代に合わせて変えるべきは変えるという意識改革も求められます。

あまり多くの人が知らない方がいい情報もある

③の社内で給与額を知っている人を限定したいからというニーズは、高額な給与をもらっている人が多い外資系企業や中途採用率が高い会社などにあります。

外資系企業では社内格差が激しく、役員ではない社員間でも給与の格差が

５倍を超えることも珍しくありません。

そのような環境の場合、社内の担当者に給与計算を実施させると否が応でも金額の格差に反応をしてしまうということが起こりがちです。

もちろん金額等を口外することは業務の責任上あってはならないことですが、もしも口が軽い担当者がいたとしたら、いつの間にか社員の給与額が社内で知るところとなり、社内不和の原因ともなりえます。そのため、社員には給与計算はさせずにBPOをしようという発想になるのです。

中途社員の採用率が高い会社も過去の経歴で採用時の評価が異なることも多いので、同様にBPOをしようという志向になる会社もあります。

④のモンスター社員を生み出さないためというのは、**Case 8**でも触れましたが、情報が一部の社内の担当者に偏ってしまった結果、会社にマイナスの発言をする社員を増やさないためと言い換えることもできます。

人の給与額というのはとてもセンシティブな情報で、その情報が適切に取り扱われないと問題が生じることとなります。

社内で給与計算を実施している担当者が自分の給与額に満足していない場合、ほかの人の給与額を見て、いらぬ発言を社内でしたり、わざと金額をリークするなんて言うこともあります。

場合によっては、そのモンスター社員に配慮して、給与金額を上げてしまうなんてことをしてしまう経営者もいるかもしれません。

初めからモンスター社員だとわかっていれば、そのような重要業務を頼むことはないでしょうが、「この人なら大丈夫だろう」と思っていたところ、社内の給与金額に触れた結果、モンスター社員に変貌していったというケースも多いです。

そこで、そのような**モンスター社員を生み出さないために給与計算をBPOしようと考える**のです。

一見ネガティブな理由のように見えますが、**問題が起きてから火消しに時間をかけるくらいだったら、BPOに費用をかけて給与計算をしてもらった方が、余計な社内の内紛を生み出すよりも安いと割り切って考える会社も多い**です。

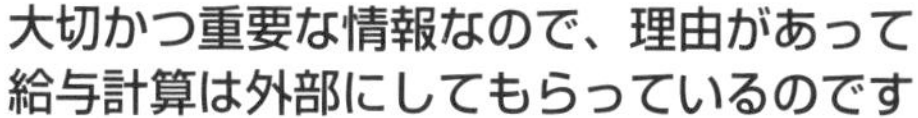

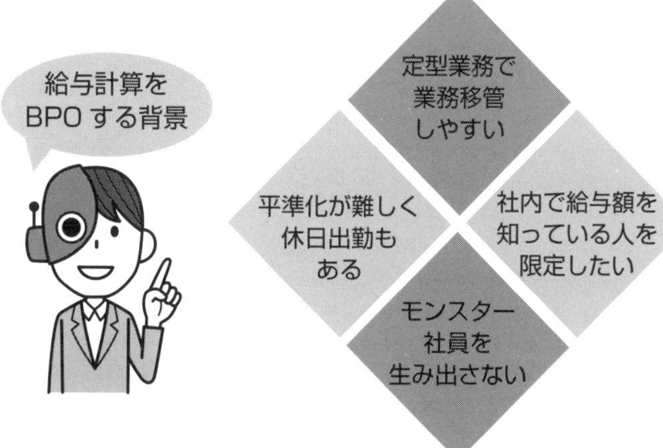

ポイント

- 給与計算は比較的定型化がしやすいためBPOを実施している会社は多い。
- 社内の人間に給与額が分かると望ましくないケースも多いことがBPOする一因となっている。

Case 42
具体的なBPO依頼業務⑥ 年末調整業務

年に一度しかないですが、業務負担が大きな業務の一つです。

最近年末調整の内容が複雑になって、昨年はいくつもミスをしてしまいました。

短い期間に一気に行うのと、資料の集まりも悪いからねぇ。

確かに年末調整が難しくなっているのは事実ですね。

年に一度の業務ですが、新しい改正事項がないかどうか確認することも必要だとわかっているのですが、なかなかついていくのが大変です。

資料の収集も悪いということですが、どのように収集しているのですか？

期限までに紙で提出してもらうようにしています。

資料の収集は可視化できる仕組みも増えているので、その点は改善できるかもしれませんよ。

年に一度の業務だが担当者への負担が大きい

給与計算の計算をBPOしている場合は、給与計算の一環で年末調整もBPOしている会社が圧倒的に多いです。毎月の給与計算をしてもらっているのに、年末調整だけ自社で行うという動機付けはないでしょうから。

逆に、毎月の給与計算は自社で実施している会社でも、年末調整だけはBPOするという会社はあります。

年末調整だけを依頼する背景としては大きくは次の二つが挙げられます。

①　年末調整は年に１回のみの業務で、業務量が通常の時期と比べて大幅に増加する

②　年末調整業務は、税制改正等を通じて年々難易度が増している

まず①ですが、年末調整は毎年11月頃から従業員へ資料収集の依頼をすることから始まります。資料収集が本格的に始まっても書類の不備等があれば、従業員へ差戻しや再収集をすることになります。

資料の収集や確認が完了したら、実際の年末調整の計算業務を実施して、原則12月の給与計算で反映させることになります。

年末調整業務は、12月の年末調整が終わった後も残務があります。

年明けの１月に法定調書合計表を税務署に提出することになりますが、そのための数字の集計作業も給与計算をした部門が実施することになります。また、住民税の計算のために給与支払報告書の提出も１月中に実施する必要があります。

１月は正月休みなどで稼働日が少ない月の一つです。そのため、**年末調整の残務とはいえ、このようなイベントが入ると労働時間が逼迫する**ことになります。

なお、最近は人事業務に関してもクラウド化が進んでおり、従業員からの資料収集に関して以前は紙でのやり取りが多かったですが、最近はペーパーレス化が進んでいます。**収集状況もクラウド上のシステムで可視化されるようになっていますので、資料の督促等も以前に比べるとスムーズ**になってきています。

改正に次ぐ改正で難化傾向にある

次に②ですが、年末調整は年々複雑化をしているということは、年末調整を実施している方の本音ではないでしょうか。

例えば、配偶者控除を受けられるかどうかの判定に関しても、配偶者の所得の見積額を適切に記載せず、誤った金額を記載したまま年末調整を行ってしまうと、後で行政当局から是正の通知を受けて再度年末調整をやり直すことになります。

これはほんの一例ですが、所得税の税制改正は毎年行われていて、その改正事項に年末調整に関係することが含まれることも多いです。

そのため、**担当者は知識を毎年キャッチアップする必要がありますが、年に一度しか実施しない内容のために、そこまで余裕をもって対応をできないのも実態**でしょう。

そこで、**専門的なことはBPOベンダーに任せた方が良いと考える企業が多い**のです。給与計算のシステムを入れていればある程度は自動的に計算を行ってくれますが、そのためには**マスタを適切に設定することが必要**です。

従業員の労働が過重にならないようにするため、そして年々複雑化する制度に関して専門的なことは外部に任せる方が合理的と考える企業が、年末調整のBPOを実施しているのです。

また、BPOベンダーに依頼をしようと検討をしたら、早めに相談することをお勧めします。少なくとも依頼をしようと考えた年は夏の時点ではBPOベンダーに相談することが望ましいです。

なぜなら、BPOベンダーは同じようなことを検討している企業から類似の相談を受けていることもあり、年末調整が始まる直前に相談をしてもBPOベンダー側で対応する人員を確保できずに断られてしまうケースもあるからです。

年に一度のイベントはキャッチアップが大変

年末調整　BPO活用術

年末調整業務の課題

・業務量が一時的に大幅増加
・税制改正等で難化傾向

BPOによる解決策

・業務量の増大を分散
・改正は専門家に任せる方が効率的

ポイント

・年に一度の業務である年末調整は年末で終わらず１月まで繁忙期が続く。
・資料の受け渡しは、以前は紙でのやり取りが多かったが、最近はペーパーレス化が進んでいる。

Case 43

具体的なBPO依頼業務⑦ 経理・人事ワンストップ

社会保険と給与計算はもちろん関連性が高く、窓口が一つだと楽です。

給与計算をX社に委託するようにしましたけど、社会保険はX社と関係のない社労士さんにお願いをしているので、連絡するのが面倒くさいです。

給与の情報を使って社会保険の計算を行うものも多いので、致し方ないとは思っているのですけど、思った以上に両社に連絡していますよね。

かといって連絡をしないと集計できないのはわかっていますし、改めて自社で給与計算するように業務を戻すのもさすがに困りますしね。

グループ内に社労士法人がある会社に委託をすればワンストップで対応してくれるので、同じような連絡をしなくて済みますよ。

それは便利ですね！

人事関連業務をワンストップで頼むと窓口が一つで済む

給与計算を自社で行っている会社の場合、給与計算と付随する健康保険・厚生年金保険の算定基礎届出や労働保険の年度更新手続きを自社で完結している会社は多くあります。

ただ、専門性が高い内容が社会保険に関する業務にはあるため、社会保険労務士あるいは社会保険労務士法人に依頼している企業もあります。

会社と社会保険労務士とのペアで仕事がうまく回っている場合は問題ないのですが、自社の給与計算をBPOした場合に、課題が生じるケースもあります。

給与計算とセットで実施されてないケースは二度手間が生じることも

相談されることが多いのは、依頼をしている社会保険労務士等が給与計算は実施してくれないので給与計算だけBPOベンダーに委託する場合です。

この場合、給与計算をした結果をBPOベンダーが委託元に報告することになりますが、その後給与計算のデータを社会保険労務士等に提供して、算定基礎届出を作成してもらうのが一般的です。

そこで、委託元としては、BPOベンダー並びに社会保険労務士等にそれぞれ連絡をとって両者が必要な情報を提供しなければならず、負担が多いという相談です。

給与計算と社会保険の業務に必要な情報は、重複するものも多いです。

そのため、委託元が二度手間と感じるのは、もっともといえます。

そこで、**解決策の一つが社労士法人等をグループ内部に抱えているBPOベンダーに給与計算と社会保険業務をセットで委託するという方法**です。

この方法であれば、給与計算と社会保険の業務をワンストップで実施してもらうことが可能となるので、まったく異なる外部に重複した情報を提供するというムダをなくすことができます。

また、**BPOベンダーのグループ内でのコミュニケーションが良好であれば、適切な情報共有がなされるのでミス等も起こりにくくなります。**

ミスが発生した時の扱いも課題となります。給与計算はBPOベンダー、社会保険業務は外部の社会保険労務士等というように別々に委託した場合に、ミスが生じた場合の責任の所在が不明確になるケースが多く、お互いに責任の擦り付け合いということも起こります。

決算業務も委託しているとワンストップの威力が増す

給与計算等の人件費周りの数字は経理業務で必要となることは多いです。

例えば、決算時点では未払いの人件費を計上します。ここで、計上する未払人件費としては所定労働時間の給料以外に、時間外の残業手当も含まれます。

それ以外にも人件費関連の数字として未払社会保険料も計上する必要があります。対象となるのは、期末時点の従業員等に関する会社負担の社会保険料相当額です。

賞与引当金を計上している会社であれば、賞与引当金にかかる会社負担の社会保険料も未払計上をする必要があります。

人件費の金額が大きな会社にとって、これらの未払金額は決算数値に与えるインパクトは大きいので、正しく算出する必要があります。

給与計算業務をBPOしている会社の場合、これらの数値をBPOベンダーに依頼をすれば算出してくれることが多いです。

忙しい決算時期にこれらの数字をタイムリーに算出して提供してくれると

決算業務がスムーズになりますよね。

さらに言えば、決算業務をBPOしている会社が給与計算も同じBPOベンダーに委託しているのであれば、BPOベンダー内部で情報共有をすることで決算に必要な未払額が計上されることになり、委託元としては、その内容の確認をすればよいだけとなります。

このようにワンストップで業務を委託できる体制を構築することで社内の業務が効率化されることになります。

人事業務も泣き別れると二度手間になる

社会保険　BPO活用術

社会保険関連業務の課題

・給与計算と別だと連絡重複
・経理業務が別だとさらに連絡先増加

BPOによる解決策

・ワンストップの窓口あると負担減
・決算業務とセットなら効果増加

ポイント

・給与計算した結果を活用する社会保険の算定等の作業は、ワンストップで対応してもらうことで効果があがる。
・社会保険料の未払額の算定等も経理とセットで委託すると、スムーズに算出される。

Case 44

具体的なBPO依頼業務⑧ 税務関連基礎資料

経理業務に必要な人事関連情報の連携が取れていると決算がスムーズになります。

税理士さんに賃上げ税制用の人件費を集計してほしいって言われたんですけど、計算方法が難しくて時間がかなりかかりそうです。

税金が安くなるかもしれないから、大変だと思うけど計算してもらえるかな。

給与計算のデータはどこで管理しているのですか？

給与計算をBPOしていて、BPOベンダーの方で保有していますが、計算後の結果をいただいているので当社でも情報は保有しています。

賃上げ税制用の計算は複雑なので、給与計算のBPOをしているのであれば計算してもらえるかもしれませんよ。

そうなのですね。今度聞いてみます。

決算時の作成資料には税務に関わる人事関連情報もある

「新しい資本主義」が提唱され、人への投資が叫ばれている時代に、賃金を上げるための施策が税制でも手当てされています。

賃上げ税制はまさにその本丸の制度の一つです。

賃上げ税制に関してはこの数年、所得拡大促進税制、人材確保等促進税制など、税額控除額を算出するための計算方法は変更が行われています。

計算を行うとかなりの工数がかかるのが実感で、ものすごい時間をかけて計算をしてみたものの、実際に計算をしてみたら要件を満たしておらず、適用ができなかったなんていうオチもあります。

もっと計算式が簡単になったらいいのにと思う方も多いでしょうが、制度の趣旨もあるので、ある程度は致し方ない面もあります。

そこで、BPOとの関係ですが、**Case 43**でも触れましたが、**経理業務と給与計算業務をワンストップで委託しているケースは威力が発揮**されます。

賃上げ税制自体は、法人税の計算の一部ですが、決算業務においては、未払法人税の計算をすること、税効果額を計算することが必要となります。

そこで、賃上げ税制のもととなる数値が必要となるのですが、この情報は給与計算をしている人が持っている情報といえます。

経理業務と給与計算業務を同じBPOベンダーに委託していて情報共有が適切に行われるようであれば決算業務はスムーズに進むことになります。

具体的には、同じBPOベンダー内の給与計算を行っているチームが、賃上げ税制の基となる金額を集計し、その結果を、経理業務を担当しているチームに共有することで、決算に必要な賃上げ税制考慮後の未払法人税の金額が算出されることになるのです。

給与計算業務と経理業務が関係するものは他にもあります。

その一つが、**事業所税の従業者割**です。

従業者割は、課税標準の算定期間中に支払われた従業者給与総額の100分の0.25として計算されるものです。そのため給与計算との親和性が高いものです。

また、年齢65歳以上の者に該当することになる従業者については、その従業者の給与等のうち、65歳以降に係る給与等の額は非課税として計算するといったように年齢についても情報を把握しておく必要があります。

ここでも給与計算で人事マスタを更新している担当者の情報は有益です。

ESG重視の影響で外部開示情報にも人事関連情報が増えている

また、女性活躍推進法が改正され、常用労働者数301人以上の会社に対して、男女の賃金差異の開示が義務付けられました。

日本のジェンダー・ギャップ指数が世界の中で低位で、先進国の中で最低レベルにいます。男女の賃金格差は縮小してきているものの海外と比べるとまだ大きいのが実情です。

そこで大企業に対して男女の賃金差異の開示が義務付けられましたが、上場している会社であれば有価証券報告書で開示することになるでしょう。

そこで、開示に関する業務を担当する経理部門としては、基となる情報が必要になります。

給与計算をBPOしているようであればそのための情報を提供してもらうことで決算時期の業務負荷が軽減されることとなります。

賃金差異は全労働者での差異のほかに、正規労働者での比較、非正規労働者での比較も開示していくことになるので、そのような算出ができるように人事マスタを整理しておくことが重要となってきます。

経理業務と給与計算業は中小企業であれば同じ部門で行っていることも多いですが、大企業となる別の部署で行っていることが多いです。経理業務で必要な資料として人事部門で作成した情報を活用する機会は今後ますます増えていくことが予想されますので、両部門の意思疎通の活性化が求められるようになります。

それらの業務をBPOしている会社の場合は、必要な情報を提供してもらえるように事前に調整をはかっておくことが重要です。

人事関連情報と経理業務の連携はスムーズに！

ポイント

・経理業務と給与計算業務をワンストップでBPOすると、経理と人事に関連ある業務がまとめて処理される。
・人事情報は経理業務で利用されることが今後ますます増えるので、連携が重要となる。

Case 45

具体的なBPO依頼業務⑨ ファイリング業務

ファイリングは後々のために非常に重要です。

昨年の 6 月に支払ったOBJ商事からきた請求書、出していただけますか？

わかりました。探してみます。

～ 1 時間経過後～

しのびさん、さっき頼んだ請求書、まだですか？

部長、探すのにもう少し時間いただけますか？
どこに綴じているのかわからなくなってしまったので。

えっ!?

ファイリングのルールは定めていないですか？

明確には定めていなかったので、探すときにいつも時間かかってます…。

すぐにはなくならない”紙”への対応は放置しない方がいい

世の中ペーパーレスが推奨されていますね。

リモートワークの恒常化、データtoデータのやり取りによる効率化、書類の保管コストの低減、環境への配慮等さまざまな理由でペーパーレスが推奨されているのも事実ですし、今後もその流れは加速していくことでしょう。

ただ、実際の現場で明日から紙をゼロにすることは可能でしょうか？

法律で禁止でもされれば別ですが、おそらく紙がゼロになることはないでしょう。

紙の方がいいと言っているのではありません。

世の中の仕組みを含めて人間は全員がそんなに簡単に変われないし、どちらも一長一短があるのです。

経理部門は紙の書類が多い部門で、今後ペーパーレスの推進は進んでいくものの、現実問題としては紙がすぐにゼロにならない以上、紙の保存、つまりファイリングについても考えていかなければなりません。

しのびさんは、適切にファイリングをしていないのか書類が見つからずに困っているようです。資料を探す時間は無駄な時間の一つとして考えられています。整理整頓術の書籍も多く出ていますよね。

「ファイリングがきれいにできている経理部門はうまく回っている」

これは、今までの経験上、確信を持って言えることです。

ファイリングがグチャグチャでも経理能力が高い担当者がいて、適切な数字等を算出して決算等が完結している会社もあります。

ただし、そのようなケースは**属人的であるため、担当している能力が高い**

担当者が抜けた途端にその状態は瓦解します。

なぜなら**ノウハウを個人が持っていてチームに残っていないから**です。

ファイリングはチームにノウハウを残すための有益なツールの一つといえます。

ファイリングされているものは作業の実績そのものです。

その実績を他の人も見ることができるので、いつの間にか作業が伝承されることになるのです。

例えば決算業務を例にすると、適切にファイリングがされていればそのファイルを見るだけで作業工程や作業内容を理解することが可能です。そのため、仮に能力が高い現在の担当者が抜けたとしてもそのファイリングをバイブルとして利用することでほぼ同じ作業を再現できるのです。

紙のファイリングを前提にお話をしましたが、もちろんソフトデータをきちんと整理しておくことでも同じことは実現できますので、担当者全員がデジタルデータのみで対応できるのであれば、その方法でも良いでしょう。

ただ、その場合も紙のファイリングと同様に格納しているフォルダのタイトル名や順番等が整然としていることが重要です。

ファイリングをBPOしても問題ない

このようなファイリングをBPOしている企業もあります。

ファイリングは地味な作業ですが時間がかかります。

そして、ファイリングの効力は一定時間が経過してからでないと実はわかりません。

作業をした直後であれば探したいものはすぐに見つかりますが、冒頭のしのびさんのように少し前の情報を探したいというときにファイリングが適切に行われていないと見つからなかったり、探すのに時間がかかることが多いです。

きちんとファイリングをしていれば長期間経過した後でもスムーズに探すことができるので、そこで威力が発揮されるのです。

従業員にファイリングの他にもやってもらいたい業務がある場合は、BPOをするという選択肢もあるのです。

経理業務全般をBPOしている場合は、各種の書類がBPOベンダーを通過するケースが多いです。そのため業務の一環として通過した書類をファイリングしてもらうこととで改めて業務フローを変更しなくともファイリングまで完結してもらうことが可能です。

今は必要ないからといって従業員にファイリングを徹底しないでおくと、後で資料が見つからない、資料を見つけるのに時間がかかるといった不利益が生じる可能性が高いです。

資料を探す時間を減らすには、美しいファイリング！

ファイリング　BPO活用術

ファイリング業務の課題

・属人化してファイリングが徹底されていないケースも多い
・ルールが不明確のため業務の継承の阻害要因になっている

BPOによる解決策

・社内メンバーのファイリング作業時間からの解放
・未来のためにコストをかけて実施する価値ある仕事

ポイント

・美しいファイリングの会社では無駄が減る。
・ルール化することでBPOも可能。

Case 46

具体的なBPO依頼業務⑩ 決算業務

決算作業はかなりの部分を切り出せます。

決算の時期になるといつも業務が多くなって辞めたくなるのです。

しのびさん、そんなこと言わないでくれよ。

半分は愚痴ですが、でも実際業務の負担が増える前は気が重くなります。

キャサリンさん、他社でも同じような状況なのでしょうか？

経理部門なのである程度は忙しくなるのは致し方ないですが、業務負荷を下げる試みをしている会社もありますよ。

部長、当社でも業務負荷を下げるようにトライしてみましょうよ。

決算が引き金で退職者を出さないようにしなければ…

最近は決算業務のタスクが増えてきて大変なので、ややうんざりしてしまう面も確かにあります。

でも、決算の山を越えれば、少し落ち着くので、“しのびさん頑張りましょう”とも言いたいです。

いずれにしも、経理部門で働く以上、決算というイベントは避けて通れないでしょう。

それでも、そのイベントの大変さが原因で退職者が出てしまうのは、あまりにももったいない話なので、キャサリンさんが言うように、未然に防ぐために、業務負荷を下げる努力をしている企業も増えています。

そのための一つの方法として採用されているのが、経理のBPOです。

決算業務をBPOする要因は様々ありますが、ここでは主な要因として３つを取り上げます。

以下の３つは、BPOの相談を受けるときに委託元の方から話として上がって来る内容です。

①　決算早期化が求められる

上場している企業群に多い話ですが、月次決算含めて決算の早期化が経営課題となっていて、今の陣容ではとても手が回らないことが背景にあります。

さらに、早期化だけでは終わらず、**決算を締めた後の分析作業等もあるので、そちらの業務に力を注げるようにしておきたいので、時間を確保するために決算業務をBPOしようと考える**のです。

②　ノンコア業務も多く含まれている

決算自体は経理の重要業務であることは間違いありません。ただ、**毎年同じことを繰り返すルーティーンな部分も多くあり、その中には判断を要しない業務**もあります。

そこで、経理部門にとってノンコアと考える部分はBPOをして、**判断を要する高度な業務を会社の担当者で実施する体制を作る**のです。

③　内容が高度化・専門化してきて代替者が少ない

時代の経過に伴って経理業務が高度化している面があります。世界の潮流に合わせて会計制度が変わってきていること、税務に関する事項は毎年改正が行われて内容によっては経理部門に大きな影響を及ぼすものもあります。例えば、グループ通算制度やインボイス制度といった最近の改正事項は経理部門の担当者がその内容を熟知しておく必要があります。

親会社の経理部であれば人材は潤沢にいても、グループ会社では、知識を有する人を手配できない会社もあるので、内容が高度化・専門化されてきていることを鑑みて、決算業務をBPOするという流れがあるのです。

決算業務のうち、どこまで頼むか

それでは、実際どこまで決算業務をBPOしているのでしょうか。

会社によって幅はありますが、一番広範囲にBPOするパターンとしては判断業務以外を全てBPOするやり方です。

具体的には、

・決算伝票の入力

・決算書の作成

・税金の仮計算に基づく税効果額の計上

・決算内訳書の作成

・開示関連書類の作成

というような決算作業のほとんどを委託します。

もちろん判断業務は委託元に残るので、例えば税効果会計を実施する場合でも、回収可能性といった判断は会社で実施することになります。

判断業務までBPOしてしまっては、会社が決算を組んだという形態にはなりません。判断業務以外をBPOして、判断すべき事項の判断と提出された内容のチェックを行うというやり方で利用している会社が多いです。

判断業務に関する部分以外をBPOすることで、会社の規模にはよりますが決算時期の数十時間程度の時間を会社で確保できるようになります。

上場している企業グループであれば四半期ごとに決算を行っているため、確保できる時間もその分増えることになります。

上場企業でも新興系の場合、事業の成長は著しい反面、バックオフィスが脆弱なことも珍しくなく、経理1名でほぼ回しているということを目の当たりにしたこともあります。

その1名が退職してしまうとなると…。

というように綱渡りで対応をしているケースでは、決算の開示関係書類の作成までBPOしている場合もあります。

上場していない中小企業でも、経営に資するために月次決算の早期化対応をしている会社であれば、毎月一定の時間をBPOすることによって確保できることになります。

ここで生み出された時間を使って、内容の精査や算出された後の数字を使った経営の意思決定に役立つ業務等に充てることができるのです。

決算業務が要因で退職者を出さないために

決算業務　BPO活用術

決算業務の課題

・決算早期化の要請あり
・ノンコア業務も多く含まれている
・高度化・専門化された領域もあり

BPOによる解決策

・決算時の残業時間縮減
・判断業務以外はすべてBPO可能
・決算早期化実現

・決算は経理部門の一大イベントではあるが、ルーティーンも多く、ノンコア業務はBPOをすることで平準化が図れる。
・専門性が求められる部分もあり、専門家に任せた方が効率的という面もある。

Case 47

具体的なBPO依頼業務⑪ 連結子会社業務

経理部員ゼロで親会社への連結報告対応

子会社の決算対応していた方が、定年退職となるようなんだが、後任が決まっていないらしいのだよ。

その子会社は連結決算の報告もしてもらう会社ですから、きちんとした人に作業してもらわないとまずいですよ。

しのびさん、手伝ってくれないかな。

それは難しいですよ。
子会社の中で経理に異動してもらうことは検討したのですか？

なかなか適任がいないらしくて、今までも異動はしていなかったらしいのだよ。

確かに、経理知識も一定水準は求められる連結子会社ですものね。

定年で抜けた後をカバーできていない現場は多い

退職者の後継者が育っていなくて、退職後の体制はどうするのかというテーマです。

2007年問題として、団塊の世代が大量に退職することで労働力が大幅に減少することが懸念されましたが、60歳から65歳への定年の延長等の施策のおかげでなんと乗り越えてきたように思います。

ただ、その団塊の世代に関して、今は2025年問題と言われる、団塊の世代が75歳以上の後期高齢者になり超高齢化社会になることが人口問題として懸念となっています。

シニアの活用が進んではいますが、いつまでも最前線で決算業務等を陣頭指揮とるまでにはいかず、冒頭のおっとり部長の話のように定年で最前線から外れる人も多いのです。

後継者がしっかりと育っていれば問題ないのですが、実際は想定通りにはいってないケースは多いです。次の世代に教育・指導ができていない、次の世代の中に、引き継ぐために努力をするような人がいない、そもそも人がいないと理由は様々ですが、経理の主軸がいなくなってしまう会社は多くあります。

同じことは会社を新たに設立してビジネスをスタートさせる場合でも同様に生じています。

いざビジネスをスタートさせようとしても、本業では人は集まるけれどバックオフィス部門で有能な人が集まらないという問題です。

そのような現場で経理のBPOは活用されています。

活用を突き詰めている現場によっては、社内の経理の担当者がゼロで経理を回しているケースもあります。

つまり**ほぼ全てBPOをして経理が回っている**のです。

中小零細企業だけでなく、**大手上場企業の子会社でもこのようなケースは多くあり**ます。

経理の専任者を社内で探すよりも社外で探す方が合理的という判断のもと実施がされていると推察します。

ただ、**実際に経理を回すためにはBPOベンダーとやり取りをする社内の担当者が１名はいることが一般的**です。

その際、**選抜される社内の担当者は経理業務に詳しい人である必要はない**です。

経理業務はあくまでもBPOベンダーが実施をするので、経理知識は必要ないのです。その代わり、**BPOベンダーから質問を受けた際に、社内のしかるべき人につないで内容を確認できるようなコミュニケーションをとりやすい人が適任**です。

経理スタッフがいなくとも切り盛りができる

経理スタッフゼロですから、この場合のBPOの業務範囲はかなり広範です。

各種の資料を入手した後は、

・会計伝票の入力

・経費精算や支払処理内容の確認

・支払データの作成

・売上代金の入金消込

・決算業務

・親会社への連結決算報告、連結パッケージ入力

といったようにフルアウトソーシングに近い形式となります。

最後に記載した「親会社への連結決算報告、連結パッケージ入力」ですが、これは上場企業の子会社に特有の業務です。

月次や四半期ごとに親会社向けに決算数値等を取りまとめた連結パッケージといわれる報告書式にデータを入力して報告を行います。

連結パッケージですが、親会社が有価証券報告書を提出する基となる情報なので、相応の経理知識が求められるものとなっています。

そのため、経理のベテランスタッフであれば対応ができますが、経理知識が浅い担当者にとってはハードルが高いと感じるかもしれません。

冒頭のしのびさんやおっとり部長の判断では、子会社に適任者がいないという判断のようですが、実際**上場企業の子会社だと親会社からも人を送り込めず、自社でも後継者がいないということで連結決算対応、早期化対応を考えてBPOを実施**している会社もあります。

上場子会社で経理メンバーゼロで経理を実践可能

経理ワンストップ　BPO活用術

上場子会社経理部門の課題

・経理部門の後継者不在
・新設子会社経理に配属可能人員不足

BPOによる解決策

・資料受け渡しメンバーのみで完結
・親会社からの連結資料要請も完結

ポイント

・上場連結子会社で親会社の期待するレベルの経理担当者を常時輩出することはやや難しい。
・経理業務一式をBPOして経理人材を置かない選択をする会社もある。

Case 48 具体的なBPO依頼業務⑫ 固定資産管理業務

固定資産管理は見積書があれば依頼可能です。

事業拡大はいいのですが、それに伴って固定資産の取得も多く発生して、台帳の作成が大変なんですよ。

見積書のページ数はそれなりに多いのですか？

建物の取得の場合、数百ページの見積書もあるのですよ！

それはかなりのボリュームですね。
取得時期は決算期末に多かったりするのですか？

そうなのですよ。どうしても決算間際が多くなる傾向にあります。

それなら、業務が分散できるように工夫する必要がありますね。

固定資産投資が多い会社は経理の事務負担も増大している

昭和産業は事業拡大の勢いがあり、投資件数も多いようです。

投資が多い会社の経理部門の負担の一つは固定資産管理です。

固定資産管理といっても経理部門が関与する内容は、

①　見積書等に基づいて建設仮勘定精算をして台帳に登録する作業

②　定期的な固定資産の現物確認とその内容の台帳への反映

③　減価償却費の計上、税務調整事項の抽出

④　償却資産税の申告

といったものが主だったものです。

この中で一番負担が大きいのは①の見積書等をもとに固定資産台帳に登録する作業でしょう。

固定資産台帳に登録するにも、

・そもそも固定資産に該当するのかどうか

・資産の種類は何に該当するのか

・耐用年数は何年なのか

・償却資産税の対象になるものなのかどうか

・付随費用があって、按分する必要はないか

など、検討が必要なことは多くあります。

取得する資産の数が多いと、作業時間を確保しなければなりません。

また、固定資産の取得は年度の予算との兼ね合いで会社によっては決算期の間際に引き渡しが行われることも多いです。そのため、**決算作業を行う時期に同時に建設仮勘定の精算業務を行うことが必要**となります。

しのびさんも言っているように、建物の建設仮勘定精算ともなると数百ページの見積書を解読して、資産ごとに按分をして、その結果を固定資産台帳に登録する必要があるので、大変骨の折れる作業です。

建設仮勘定の精算業務を依頼することで決算時期の作業平準化を図る

このように決算時期に重なると負担の多い建設仮勘定の精算業務をBPOをしているケースもあります。

固定資産の計上は、税法に合わせている会社が多いです。そして、**税法にはルールが定められていますので、そのルールに則って作業をする分には、BPOしたとしても大きく判断が異なることは少ない**です。

そのため、**詳細なマニュアル等を作成しなくとも比較的BPOしやすい業務**と言えます。

また、**BPOすることで、今までであれば決算期等に重なっていた固定資産台帳への登録作業がなくなる分、決算作業に注力することが可能**となります。

固定資産管理に関しては、固定資産台帳をExcelで管理しているケースがあります。

最近は保証率を加味する必要があるなど、減価償却費の計算は複雑になっていますが、優秀な担当者がいる場合、計算式を組んで何とかExcelで計算をしています。

ただ、実際のところは算式が誤っているケースに遭遇することもあります。

また、会社が固定資産台帳のシステムを購入する予算を割り当ててくれないためにExcelで作業することを余儀なくされているケースもあります。

複雑になった減価償却の計算を今後もExcelで実施し続けることはリスクがあるといえるでしょう。

さらに、**償却資産税の申告書を作成することも固定資産管理の一つ**と言えます。この業務も固定資産システムを導入して、初めの台帳登録をする段階で正しく登録さえすれば１月の申告書提出時には負担なく作業を進めることができます。

BPOの導入に合わせて固定資産台帳の管理をExcelから切り替える会社も多くありますが、これはBPOするかどうかにかかわらず進めていくことが望ましい事項の一つでしょう。

設備投資が多い会社は、固定資産台帳登録の負担軽減を！

固定資産管理　BPO活用術

固定資産管理の課題

・設備投資多い会社の経理部門は決算時期に事務負担が過重となる
・資産判断業務やシステム登録の時間は結構かかる

BPOによる解決策

・決算シーズンに作業の平準化実現
・見積書送付のみで償却資産申告時期まで負担軽減

ポイント

・固定資産計上のための建設仮勘定精算業務を委託することで、業務を平準化する。
・BPOベンダーのグループ内に税理士法人があれば、償却資産税の申告の準備もセットでしてもらう。

Case 49
具体的なBPO依頼業務⑬ PMI業務

M&A後のバックオフィスの標準化が成功と失敗の分かれ道です。

部長、３ヶ月前に新規で買収した会社ですが、経理部門の方々はどのような方が多いのですか？

実は買収後一度も会っていないのだよ。

そうなのですか。月次の試算表はきちんともらっているのですか？

あまりせっつくのもどうかなと思って何も言っていないので、入手はできていません。

この前同じように買収後に放置していたら、経理の中身がひどい状態になった会社があったと思います。

買収は買って終わりではなく、買収後のフォローアップが重要ですよ。

PMIにBPOを活用するケースもある

企業が成長をさせていく手法にオーガニックグロースとM&Aグロースがある話を**Case 14**でしましたが、M&Aグロースを適用した場合の課題として、M&A後の統合を適切に実施することの難しさがあります。

PMIという略称で呼ばれることが多いですが、**PMIというのは、Post Merger Integration（ポスト・マージャー・インテグレーション）の略で、M&A成立後に統合するプロセスのこと**を指します。

本業のPMIはもちろん重要ですが、**バックオフィス部門の統合はおざなりになりがち**で、そのせいでM&Aがうまくいっていないケースもあります。

ここでは、買収後の経理業務に関するPMIで経理のBPOが活用している例を説明します。

PMIをうまく進めていくには、買収後に被買収企業に深く関与していくことが必要になります。

買収した親会社に十分な人材がいれば、それで対応可能ですし、実際、現地に親会社の社員を一定期間送り込んでPMIをうまく実践している企業もあります。

ただ、そこまで十分な人的リソースがないことも多く、BPOを活用しているケースもあります。

標準化されたマニュアルを使ってPMIの実行を

買収後に目指すべき姿の一つは、親会社のルールに従った方法で業務を進めてもらうことです。

親会社が上場企業で、買収された子会社が非上場企業の場合、そもそも制度会計に則った処理をしていないことも珍しくありません。

税務申告用に決算を組んでいるだけで、本来検討すべき引当金や減損処理を行っていないことも多いですし、税効果会計を適用していないケースも少なくありません。

その結果、会計方針が、親会社の適用している方法と異なっていることになっているのです。

親会社が会計方針のチェックリストを提供し、それに適合しているのかを被買収企業の経理部門に確認してもらえれば話は終わりですが、企業風土が異なることから認識の相違が生じるケースもあり、その際に、外部のBPOベンダーにチェックリストとの整合チェックをしてもらい、仮に整合していない場合は、正しい処理をするように導いてもらうのです。

知識面で被買収企業の社員が不足しているケースもあれば、親会社のリクエストにスムーズに対応してくれていないケースもあります。

買収した側としてはそんな場合、イライラしてしまいますよね。

でも、あまりきついことを言ってしまうと買収された側からの反発も予想され、あまり強く出られないことも多いです。

そこで、**外部のリソースを使って直接ぶつからない関係を作ることでPMIを実現させていく**のです。

ただし、**結果がぶれないようにするためにチェックリストを提供することが重要**なのです。

このチェックリストですが、BPOベンダーが親会社と一緒に作成していくケースもあります。親会社の人的リソースを考慮して、作成する時間がなければ外部を使うことも一法です。

業務の流れも統一する

会計方針以外にも業務フローを統一することもPMIの一環で実施すべき事

項です。

買収した後により多くの利益を生み出すことは買収の目的ですが、買収先のバックオフィス部門が非効率である場合は、そこをテコ入れすることが利益を生み出すことにもつながります。

ここでも親会社側で業務フローを標準化させていて、マニュアル等があれば、被買収企業の業務フローをそのマニュアルに適合させていくことができます。

仮に利用している会計システムが違う場合は、買収を機会にシステムを親会社に合わせることも多いです。親会社が標準的な業務フローで業務を進めているのであれば、そのフローに沿って仕事をしてもらうように仕向けるのです。

そして、その段階でも人的リソースが不足していたり、新しい業務フローへの適合に抵抗を示す経理部門の社員がいるようであれば、外部のBPOベンダーの力を借りて新たな業務フローに合わせもらう方が、話が早いです。

企業買収は、買って終わりではなく、実際は買収した後のPMIが成否を分けますし、そこでのスピード感が非常に重要です。そのため、スピードを加速させるためにBPOベンダーと組んで早期に標準化の実現を図っている会社もあるのです。

買収後の経理部門の標準化はPMIの重要課題

M＆AのPMI　BPO活用術

買収後のPMIの課題

・バックオフィス部門の標準化まで手が回らない
・ギクシャクしたくないから口うるさく指導しにくい

BPOによる解決策

・第三者を入れることで直接ぶつからないから関係は良好
・マニュアルに従って標準化推進

ポイント

・買収後に管理部門を安定させることもPMIの重要課題の一つ。
・親会社と統一を図ることで効率化も推進させる。

エピローグ

あれから数年、BPOを導入し、経理部門の役割が変わった現場の覗いてみましょう。しのびさんの成長やいかに。

Case 50
経理部門の未来は明るく楽しい

経理部門の社内でのプレゼンスが大きくなってくる。

～BPO導入から 3 年後～

かけだしさん、未来予測のシミュレーションは終わったかしら？

はい、実績値は既にBPOベンダーに作ってもらっているので、その数値を使った分析資料の作業は完了しています。
これから共有させていただきます。

素早い対応ね。ありがとう。
じゃあ、あとは私が最終確認しておくわね。

しのびさんは、部長に就任して益々頼もしくなってきていますね。
次は役員就任ですね！

少し気が早いようには思いますが、ここ数年で仕事のレベルも上がってきたと思いますので、頑張ります！

しのびさんなら大丈夫、楽しみね！

新たな役割を担ってやりがいがある仕事へ

しのびさん主導で、経理BPOを導入して３年が経過した経理部門の様子です。

しのびさんはおっとり部長の後任として部長に昇進し、新たな経理部員も迎え入れているようです。

ビーポさんもしのびさんの成長に目を見張っているようですし、キャサリンさんからの太鼓判ももらっているようです。

既に経理BPOを導入している企業も多い中、現場から聞かれる生の声を紹介して筆を置きたいと思います。

ワークライフバランスを図りたい！

「日常業務から解放されて終電帰りの生活から解放されました。」

経理の現場では、毎月の定例業務、年次の定例業務等があり、限られた人員で業務を回している際に、退職者等が出ると予定通り業務が回らず、一部の社員が恒常的に残業体制に陥ってしまうことがあります。

毎日終電とまではならなくとも22時周辺に帰る日が続いていて大変だという声を聞くこともしばしばありましたが、そういう生活から解放されたことは喜ばしいことです。

ライフステージによっては、子育てのために早く帰る必要がある日もあるでしょうし、深夜までの労働は家庭にも負担をかけてしまいますから、そのようことがない状態が望ましいでしょう。

成長を感じられる仕事をしたい！

「高度な仕事を任せられるようになり、仕事にやりがいが感じられるようになりました。」

常に成長をし続けたいと考えているビジネスパーソンの方も多いです。

せっかく数字を扱う業務に携わっているのであれば、実績の数字を作って終わりではなく、自社の今後の経営にかかわる未来の数字を扱ってみたいと思うのも自然です。

BPO導入で時間が生み出されたのちは、会社の未来予測の業務に関わったり、買収等の特殊プロジェクトで中心的な役割を担えることも増えて、仕事にやりがいを持てるようになったという声を聞くこともあります。

経営陣と会話する機会が自ずと増えて、より会社の発展に寄与できることで帰属意識も高まり、エンゲージメントスコアがあがるケースもあるようです。

自分の本業に集中したい！

「苦手な間接業務がなくなり、自分がやりたかった本業に注力することができるようになったことは大変ありがたいです。」

新規ビジネスを会社で開始した担当者からのコメントです。

新規ビジネスを立ち上げて、軌道に乗せることが本来実施すべき業務であるにも関わらず、まだ開業間もないということで間接業務を担ってもらう従業員を雇用する余力がないことは多いです。この点は大企業で新規ビジネスを開始するケースでも間接部門の人員を十分にあてがってもらえないことも珍しくありません。

そのような環境でも経理業務などの間接業務は会社である以上実施しなけ

ればならず、本業と間接業務を掛け持ちで実施していることが多いです。

しかし、本当はビジネスを軌道に乗せることがやるべき仕事ですし、それがやりたい仕事でしょう。

そこで、**BPOを導入して、間接業務から解放**された方からの喜びの声です。

その結果、早くビジネスが立ち上がっていくシーンに何度も出くわしていますし、きっとそれは日本経済にとっても大変プラスとなっていることでしょう。

強い経理部には後継者は必須！

「後継者の育成に取り組むことができるようになりました。」

企業経営者の後継者問題は新聞等でも取りざたされています。上場企業から中小企業まで多くの企業が抱えている課題の一つです。

あまり注目されていませんが、経理部門の現場でも、後継者が育っていないために、事業の継続に支障を来しているケースを目にすることはあります。

「忙しすぎて育成にかけられる時間がない」

「適任者がいない」

など理由は様々ありますが、後継者育成に真剣に取り組む時間があまりないという印象があります。

BPOの導入後、経理部門の役割が変わって、後継者が実施すべきことが明確になったり、後継者を育成する時間を持てるようになったことで育成が進んだという話を聞くことも増えました。

事業継続のためにも経理部門の後継者育成は重要課題であり、その点が進むことで企業の体質が強くなることは間違いないでしょう。

現場で聞くことができたコメントの一部を紹介させていただきました。

せっかく経理の仕事に就いたのですから、前向きに取り組みたいと思っている人がほとんどでしょう。

そして、本Caseの最後にBPOのチェックリストを掲載しました。

「BPO導入した方が良い予備軍かも…」

「BPOベンダーを選定する時に考慮したほうがいいポイントは何か？」

といった疑問の解消にご活用いただければ幸いです。

BPOをうまく活用し、経理部門が新しい役割を担って、楽しく仕事に取り組める環境となることを願ってやみません。

明るくやりがいのある組織を目指して

BPO を活用して活力ある組織をつくる

成長実感

様々な新たな業務に取り組む機会が増えました！　エンゲージメントスコアもグッと上がっています。

仕事もプライベートも

ワークライフバランスをはかりながら仕事ができるので、充実しています！

本来業務に注力

経理との掛け持ちがなくなって新規ビジネスのローンチに力を注げています！
来月にはサービスをローンチしますよ。

後継者育成

経理部門の後継者問題を先送ってきていましたが、時間ができたので最近は急速に進めることができています。

ポイント

・BPO導入するからには新たな経理部門を作ろう。
・経理部門は、やりがいを持てる部門にすることができる。

BPOの導入予備軍チェックリスト

"No" が５つ以上ある場合は、BPOの検討をした方が良いかもしれません。

No.	Question	Yes	No
1	経理部門の人材は十分にいて、退職者が出ても影響ない		
2	採用は順調で、必要とする経理スキルのある人材を短期間で採用できる		
3	次世代育成が順調で、経理部門の責任者の後継者は既にいる		
4	経理業務で１人しかわからない業務はなく、複数の担当者が業務を理解している		
5	経理業務のマニュアルが作成されていて、引継ぎは容易な状態となっている		
6	有事の際に、リモートで経理業務を回すことが可能な状態となっている		
7	経理部門の一部の担当者は恒常的に残業時間が多くなっていることはなく、平均残業時間は月20時間以下に収まっている		
8	年々ルーティーン業務よりも付加価値業務を実施する経理担当者が増えていて、各担当者の成長がみられる状態となっている		
9	M&Aや子会社設立の際に、経理部門の人材確保で困ることはない		
10	経理業務は標準化されていて、常に効率化を図る文化が根付いている		

BPOベンダー選定時チェックリスト

Yesの項目が最低５つ以上、できれば７つ以上あると安心でしょう。

No.	Question	Yes	No
1	BPOをする目的が明確になっていて、BPOベンダーが目的達成に寄与してくれそう		
2	コストは想定の範囲内で、ボリュームに応じて変動する部分があり納得感はある		
3	業務範囲が明確になっていて、あいまいな業務領域はない		
4	情報セキュリティへの対応がしっかりしていて、長期間認証資格を保持している		
5	品質管理を維持するための体制が敷かれている		
6	高度な業務に関しては、資格者や経験年数が長い人が関与する体制となっている		
7	様々な企業規模に対応していて、自社と類似の会社へのサービス経験がある		
8	業務範囲に関して、ワンストップで実施してくれる領域が広い		
9	業務の効率化等に関しても提案をしてくれそう		
10	BPOベンダーのシステム利用が前提となっておらず、自社のシステム利用等へも柔軟に対応してくれる		

【執筆者紹介】

中尾　篤史（なかお　あつし）
公認会計士・税理士
CSアカウンティング株式会社　代表取締役社長
日本公認会計士協会 租税政策検討専門部会・専門研究員
著書に「DX時代の経理部門の働き方改革のススメ」「瞬殺！法人税申告書の見方」（以上、税務研究会出版局）、「会計の基本教科書」「経理・財務スキル検定［FASS］テキスト&問題集」（以上、日本能率協会マネジメントセンター）、「正確な決算を早くラクに実現する経理の技30」「BPOの導入で会社の経理は軽くて強くなる」（共著）、「対話式で気がついたら決算書が作れるようになる本」（共著）、「経理・財務お仕事マニュアル入門編」（以上、税務経理協会）、「たった３つの公式で『決算書』がスッキリわかる」（宝島社）、「明快図解　節約法人税のしくみ」（共著、千舷社）など多数。

【会社紹介】

CSアカウンティング株式会社

国内最大級の会計・人事のアウトソーシング・コンサルティング会社であり、約200名の公認会計士・税理士・社会保険労務士などのプロフェッショナル・スタッフによって、上場企業グループから中堅・中小企業まで幅広く経理・会計、人事・労務に関するアウトソーシング・コンサルティングサービスを提供し、会計・人事の課題をワンストップで解決している。

東京本社
〒163-0631
東京都新宿区西新宿１-25-１　新宿センタービル31階
代表電話：03-5908-3421
メールアドレス：csa-g@cs-acctg.com
URL：https://www.cs-acctg.com

本書の内容に関するご質問は、税務研究会ホームページのお問い合わせフォーム（https://www.zeiken.co.jp/contact/request/）よりお願い致します。なお、個別のご相談は受け付けておりません。

本書刊行後に追加・修正事項がある場合は、随時、当社のホームページ（https://www.zeiken.co.jp）にてお知らせ致します。

経理業務のBPO（ビジネス・プロセス・アウトソーシング）活用のススメ

令和５年３月６日　初版第１刷印刷　　（著者承認検印省略）
令和５年３月14日　初版第１刷発行

著　者　中　尾　篤　史

発行所　税務研究会出版局
週　刊「税務通信」「経営財務」発行所

代表者　山　根　　毅

郵便番号 100-0005
東京都千代田区丸の内 1-8-2 鉄鋼ビルディング

https://www.zeiken.co.jp

印刷・製本　東日本印刷株式会社

ISBN 978-4-7931-2746-5